Paléontologie animale

PAR

Gaston BONNIER

MEMBRE DE L'INSTITUT, PROFESSEUR A LA SORBONNE,
AGRÉGÉ DE L'UNIVERSITÉ

Ouvrage rédigé suivant les Nouveaux Programmes
à l'usage des Classes de Philosophie A et B,
de Mathématiques A et B et des Candidats
aux Baccalauréats

Avec 184 figures par J. Poinsot et 5 Cartes

PARIS

LIBRAIRIE GÉNÉRALE DE L'ENSEIGNEMENT

1, RUE DANTE (Vᵉ ARRᵗ)

1904

VIENT DE PARAITRE :

TABLEAUX MURAUX

DE

Paléontologie

Classes de Philosophie A et B
et Classes de Mathématiques A et B

ADOPTÉS PAR LE MINISTÈRE DE L'INSTRUCTION PUBLIQUE

PAR

Gaston BONNIER

MEMBRE DE L'INSTITUT, PROFESSEUR A LA SORBONNE,
AGRÉGÉ DE L'UNIVERSITÉ

Dessins par J. Poinsot et A. Lunois

Chaque tableau mesurant 1^m80 de hauteur sur 0^m80 de largeur,
sur beau papier : **1 fr. 75**. — Collé sur toile avec œillets : **2 fr. 75**

N° 1. Vertébrés et articulés de l'époque primaire.	N° 7. Vertébrés de l'époque tertiaire.
N° 2. Invertébrés de l'époque primaire.	N° 8. Histoire du cheval. Invertébrés tertiaires.
N° 3. Végétaux de l'époque primaire.	N° 9. Végétaux de l'époque tertiaire.
N° 4. Vertébrés de l'époque secondaire.	N° 10. Vertébrés de l'époque quaternaire.
N° 5. Invertébrés de l'époque secondaire.	N° 11. Homme préhistorique.
N° 6. Végétaux de l'époque secondaire.	N° 12. Évolution des groupes d'animaux.

« Les nouveaux *Tableaux muraux de Paléontologie*, de M. GASTON BONNIER,
viennent d'être adoptés par les Lycées et Collèges. Ces tableaux, d'un grand format et
avec des figures de grande taille, représentent des objets visibles par toute une classe.

« L'auteur a, autant que possible, rapproché les animaux et végétaux fossiles des êtres
vivants actuels qui leur ressemblent le plus. Il a, en outre, fait exécuter des reconstitutions de paysages aux diverses époques géologiques d'après les renseignements les plus
récents.

« Chaque sujet est accompagné d'explications détaillées, visibles par le professeur
seulement. »

Paléontologie animale

LIBRAIRIE GÉNÉRALE DE L'ENSEIGNEMENT, 1, RUE DANTE, PARIS (Vᵉ)

VIENT DE PARAITRE :

TABLEAUX MURAUX

DE

Paléontologie

**Classes de Philosophie A et B
et Classes de Mathématiques A et B**

ADOPTÉS PAR LE MINISTÈRE DE L'INSTRUCTION PUBLIQUE

PAR

Gaston BONNIER

MEMBRE DE L'INSTITUT, PROFESSEUR A LA SORBONNE,
AGRÉGÉ DE L'UNIVERSITÉ

Dessins par J. Poinsot et A. Lunois

Chaque tableau mesurant 1ᵐ80 de hauteur sur 0ᵐ80 de largeur,
sur beau papier : **1** fr. **75**. — Collé sur toile avec œillets : **2** fr. **75**

Nᵒ 1. Vertébrés et articulés de l'époque primaire.	Nᵒ 7. Vertébrés de l'époque tertiaire.
Nᵒ 2. Invertébrés de l'époque primaire.	Nᵒ 8. Histoire du cheval. Invertébrés tertiaires.
Nᵒ 3. Végétaux de l'époque primaire.	Nᵒ 9. Végétaux de l'époque tertiaire.
Nᵒ 4. Vertébrés de l'époque secondaire.	Nᵒ 10. Vertébrés de l'époque quaternaire.
Nᵒ 5. Invertébrés de l'époque secondaire.	Nᵒ 11. Homme préhistorique.
Nᵒ 6. Végétaux de l'époque secondaire.	Nᵒ 12. Évolution des groupes d'animaux.

« Les nouveaux *Tableaux muraux de Paléontologie* de M. GASTON BONNIER, viennent d'être adoptés par les Lycées et Collèges. Ces tableaux, d'un grand format et avec des figures de grande taille, représentent des objets visibles par toute une classe.

« L'auteur a, autant que possible, rapproché les animaux et végétaux fossiles des êtres vivants actuels qui leur ressemblent le plus. Il a, en outre, fait exécuter des reconstitutions de paysages aux diverses époques géologiques d'après les renseignements les plus récents.

« Chaque sujet est accompagné d'explications détaillées, visibles par le professeur seulement. »

Paléontologie animale

PAR

Gaston BONNIER

MEMBRE DE L'INSTITUT, PROFESSEUR A LA SORBONNE,
AGRÉGÉ DE L'UNIVERSITÉ

Ouvrage rédigé suivant les Nouveaux Programmes,
à l'usage des Classes de Philosophie A et B,
de Mathématiques A et B et des Candidats
aux Baccalauréats

*Avec 184 figures par J. Poinsot
et 5 cartes*

PARIS

LIBRAIRIE GÉNÉRALE DE L'ENSEIGNEMENT

1, RUE DANTE (Vᵉ ARRᵗ), 1

1904

EXTRAIT DES PROGRAMMES OFFICIELS DE 1902
APPLICABLES A PARTIR DE 1903-1904

Classes de Philosophie A et B
et de Mathématiques A et B

NOTIONS SOMMAIRES DE PALÉONTOLOGIE

Idée générale de la configuration des continents et des mers durant les périodes primaires, secondaires et tertiaires. — Changements des climats.

Les animaux des temps primaires. — Développement des Invertébrés : trilobites, insectes de la houille. — Premiers poissons, premiers batraciens.

Les animaux des temps secondaires : ammonites et bélemnites. ,

Evolution des reptiles. — Premiers oiseaux.

Les animaux des temps tertiaires et quaternaires.

Evolution des Mammifères ; origine des types actuels.

Histoire du Cheval.

L'Homme.

CORBEIL. — Imprimerie ÉD. CRÉTÉ.

AVERTISSEMENT

pour les Nouveaux Programmes
applicables en 1903-1904

Le Conseil Supérieur de l'Instruction Publique a peu modifié dans le Nouveau Plan d'Études le programme spécial de la Paléontologie animale qu'il avait adopté en 1898. Toutefois, une Introduction sur les changements des continents et des mers aux diverses périodes géologiques et sur les modifications des climats a été ajoutée.

J'ai tenu compte de cette modification en rédigeant ce volume à nouveau. A la demande d'un grand nombre de Professeurs, j'y ai ajouté des résumés qui permettent à l'élève de ne pas recourir au texte lorsqu'il repasse une partie du Cours.

G. B.

PALÉONTOLOGIE ANIMALE

INTRODUCTION

1. La Paléontologie animale. — En exposant les caractères généraux des principaux groupes d'animaux et en étudiant les fonctions dans la série zoologique, nous n'avons pris comme exemples que des espèces actuellement vivantes. On trouve, dans les diverses couches des terrains de l'écorce terrestre, des débris ou des empreintes du corps des animaux qui ont vécu sur la terre pendant les différentes périodes géologiques : c'est ce qu'on nomme les animaux *fossiles*. L'examen de ces débris ou de ces empreintes, leur comparaison méthodique avec les types actuels qui leur ressemblent le plus, l'étude de la succession des formes aux divers âges de l'histoire de la terre et les relations de ces formes entre elles, constituent la science appelée *Paléontologie animale*.

La Paléontologie nous apprend que, le plus souvent, ces espèces éteintes différaient beaucoup des espèces qui vivent aujourd'hui, et que l'extension de tel ou tel groupe d'animaux varie dans des proportions considérables, suivant que l'on consulte l'une ou l'autre des périodes de l'histoire de notre planète. A une époque déterminée, ce sont les Crustacés et les Mollusques qui dominent; à une autre, les continents et les mers sont habités par des Reptiles dont plusieurs atteignaient une taille gigantesque; à une époque plus récente, ce sont les Oiseaux et les Mammifères qui peuplent en plus grand nombre les continents terrestres.

Une infinie variété dans les formes animales, parfois une succession d'êtres reliés entre eux par des intermédiaires qui semblent indiquer une filiation, une série d'adaptations du corps de l'animal à des conditions très diverses, ouvrent l'esprit du paléontologiste à l'idée des transformations qui se sont produites à travers les âges. L'ensemble de ces faits permet d'entrevoir, malgré l'insuffisance encore si grande des documents recueillis sur les fossiles, le principe de la continuité dans la nature, si bien exprimé par Leibnitz.

Nous essaierons d'exposer rapidement, dans les quelques chapitres qui suivent, les résultats les plus intéressants auxquels a conduit l'étude des espèces éteintes, depuis que des découvertes nombreuses sont venues s'ajouter à celles de Cuvier, l'illustre fondateur de la Paléontologie.

2. Les grandes périodes géologiques. — Afin de pouvoir parler de l'âge relatif des espèces animales, il est d'abord nécessaire de nous rappeler quelles sont les grandes périodes qui se sont succédées à la surface de la terre.

Les terrains les plus anciens, c'est-à-dire ceux qui ne peuvent se trouver qu'au-dessous de tous les autres, sont formés par des roches dont les éléments sont cristallisés et, jusqu'à présent, on n'y a découvert d'une manière certaine aucune trace d'animaux fossiles. Le dépôt de ces terrains correspond à une époque de l'histoire de la terre que les géologues ont appelée l'*époque primitive*.

Si ces dépôts primitifs sont restés émergés, formant des îles ou des continents, ils n'ont été surmontés plus tard par aucun dépôt. Mais si les terrains formés à l'époque primitive sont restés sous les mers, ils ont été recouverts par les sédiments qui se sont formés dans les périodes suivantes. Parmi ces terrains plus récents, on distingue les *couches de roches* qui peuvent se trouver *au-dessous des autres*, tout en étant déposées au-dessus des terrains primitifs ; de plus ces terrains renferment certains [animaux fossiles tels que les Crustacés appelés *Trilobites* qu'on ne rencontre pas dans les couches de roches plus récentes.

Le dépôt de ces terrains, superposés aux roches de l'époque primitive, contenant des Trilobites ou les autres fossiles caractéristiques qui les accompagnent, correspond à une autre époque de l'histoire de la terre que les géologues ont appelée l'*époque primaire*.

Si les terrains primaires ont été soulevés et maintenus au-dessus du niveau des eaux, ils n'ont été recôuverts par aucun sédiment. Mais si les terrains de cette époque sont restés immergés, ils ont été recouverts par de nouvelles couches de roches qui se sont déposées pendant les périodes suivantes et dans lesquelles on ne trouve plus ni les Tribolites, ni les autres fossiles caractéristiques primaires. Ces sédiments moins anciens se sont produits soit directement au-dessus des terrains primitifs, soit au-dessus des terrains primaires qui leur sont déjà superposés. Parmi ces nouvelles roches, on distingue l'ensemble des couches qui peuvent se trouver au-dessous des autres, tout en étant déposées au-dessus des terrains primitifs ou primaires ; ces sédiments ont en outre le caractère de renfermer certains animaux fossiles tels que les Mollusques appelés *Ammonites* qu'on ne rencontre pas dans les couches plus récentes et qui ne se trouvaient pas non plus, en général, à l'époque primaire.

Le dépôt de ces terrains pouvant renfermer des Ammonites ou les autres fossiles caractéristiques qui les accompagnent, correspond à la phase suivante de l'histoire de la terre que les géologues ont appelée *époque secondaire*.

Si les terrains secondaires sont restés plus élevés que le niveau des mers ou des lacs, ils n'ont été recouverts plus tard par aucun sédiment. Mais si les terrains de cette époque ont été immergés, il s'est formé au-dessus d'eux de nouvelles couches de roches dans lesquelles on ne trouve plus ni les Ammonites, ni les autres fossiles caractéristiques de l'époque secondaire. La plus grande partie de ces nouveaux terrains renferme des fossiles, parmi lesquels on peut citer un grand nombre d'espèces spéciales de Mollusques appelés *Cérithes* qui y sont très abondantes, sans qu'on y découvre encore aucune trace certaine de l'homme ni de l'industrie humaine.

Le dépôt de ces terrains superposés aux terrains secondaires ou aux terrains précédents, renfermant des Cérithes et d'autres fossiles caractéristiques, correspond à l'époque de l'histoire de la terre que les géologues ont appelée l'*époque tertiaire*.

Enfin, on désigne sous le nom d'*époque quaternaire* la phase la plus récente qui se continue insensiblement avec l'époque où nous vivons, et dont la presque totalité des couches sédimentaires, en voie de formation, est encore recouverte par les eaux des mers actuelles. Les formations quaternaires sont caractérisées par la présence de l'homme préhistorique ou des débris de son industrie ;

elles renferment aussi les restes d'espèces qui n'existaient pas à l'époque tertiaire, mais qui sont maintenant éteintes.

On a divisé en trois périodes chacune des époques primaire, tertiaire et quaternaire. De telle sorte que l'on peut résumer dans le tableau suivant l'ensemble des principales phases de l'histoire de la terre, en les disposant dans l'ordre de superposition des terrains :

V. ÉPOQUE QUATERNAIRE. (Homme.)	3. Age du fer et du bronze. 2. Age de la pierre polie. 1. Age de la pierre taillée.
IV. ÉPOQUE TERTIAIRE. (Cérithes.)	3. Période pliocène. 2. Période miocène. 1. Période éocène.
III. ÉPOQUE SECONDAIRE. (Ammonites.)	3. Période crétacée. 2. Période jurassique. 1. Période triasique.
II. ÉPOQUE PRIMAIRE. (Trilobites.)	3. Période carbonifère. 2. Période dévonienne. 1. Période silurienne.
I. ÉPOQUE PRIMITIVE.	(Pas de fossiles).

Nous nous servirons de ces diverses dénominations pour indiquer l'âge relatif des animaux fossiles dont nous allons nous occuper, mais il ne faut pas perdre de vue que ces divisions en périodes et époques successives sont purement conventionnelles, que deux périodes consécutives sont reliées entre elles par des caractères intermédiaires, sans qu'aucun cataclysme général ait séparé une époque de l'époque suivante.

3. Changements de configuration des continents et des mers pendant les différentes périodes géologiques. — Si nous appliquons les considérations qui précèdent à une région déterminée, à la France, par exemple, nous trouverons que la limite des continents et des mers a varié d'une manière considérable pendant les diverses périodes géologiques.

Si l'on considère les terrains déposés par la mer dans une période déterminée et qui, par suite d'un exhaussement du sol, se sont trouvés émergés au-dessus du niveau des mers sans qu'aucun dépôt les ait recouverts depuis, on admet que ces terrains ont fait partie des continents jusqu'à l'époque actuelle.

Lorsque, dans une région, des dépôts marins de l'époque tertiaire par exemple se trouvent exactement superposés à des dépôts marins primaires, sans qu'il y ait de terrains secondaires entre les deux dépôts, on admet que cette région était sous la mer pendant l'époque primaire, qu'elle était continentale pendant l'époque secondaire et de nouveau marine pendant l'époque tertiaire.

C'est par des considérations de cet ordre, jointes à une étude géologique détaillée des continents actuels et des dépôts sous-marins, que l'on est arrivé à reconstituer approximativement les limites des continents et des mers pendant les principales périodes de l'Histoire de la Terre. En particulier, on a pu ainsi établir de cette façon la manière dont s'est constitué peu à peu le sol de la France.

1° *Époque primaire.* — Considérons d'abord la fin de l'époque primitive, avant le dépôt des terrains primaires, à l'endroit du globe où se trouve actuellement la France.

Si l'on examine la surface du sol de la France, on n'y trouve de terrains primitifs que dans une grande partie de la Bretagne, dans le Plateau central, dans une partie des Alpes et des Pyrénées, dans les Vosges, dans le Sud du département du Var et dans plus de la moitié de la Corse.

Comme aucun dépôt ne s'est produit dans ces régions depuis les terrains primitifs, on admet généralement que ces parties du sol de la France formaient des continents à la fin de l'époque primitive et sont restées continentales jusqu'à l'époque actuelle ; toutefois les terrains primitifs des Alpes et des Pyrénées n'ont dû être ramenés à la surface qu'à la suite de bouleversements plus récents.

La carte n° 1 représente la distribution probable des terres et des mers à la fin de la période primitive. A l'endroit du globe où se trouve actuellement la France, il n'y avait alors que quelques îles, représentant la partie du sol émergé.

La plus grande correspond au Plateau central actuel, limitée par des régions qui forment maintenant le Morvan, les Cévennes et la montagne Noire. Deux autres (Nord-Armoricain et Sud-Armoricain) étaient situées à peu près sur l'emplacement actuel de la Bretagne. Une autre île était à l'endroit où se trouve aujourd'hui la partie méridionale des Vosges; d'autres, plus petites, là où sont actuellement la montagne de la Serre, les Maures et l'Esterel. Tout le reste de la France actuelle était recouvert par les mers qui ont formé les premiers dépôts de l'époque primaire.

Les dépôts de sédiments marins formés pendant l'époque primaire ont été soulevés en partie à la fin de cette grande période par les mouvements du sol. Ces terrains qui se trouvaient émergés au début

de l'époque secondaire n'ont pas changé sensiblement la configuration du Plateau central et n'ont accru que dans une faible propor-

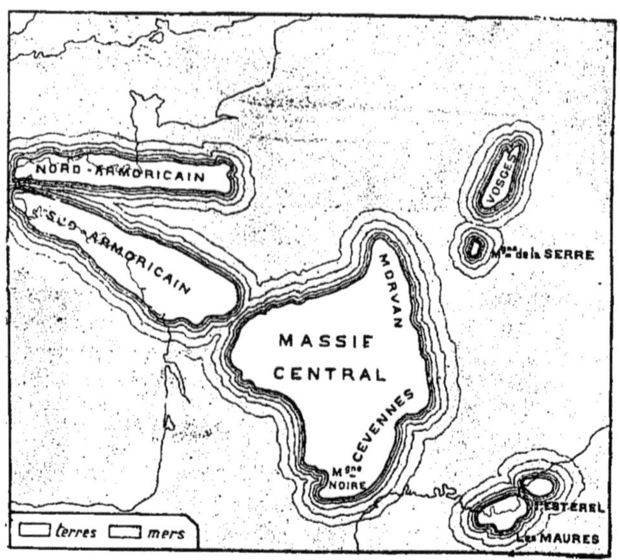

Carte n° 1. — Distribution probable des terres et des mers, à l'endroit du
globe où se trouve actuellement la France, à la fin de la période primitive.
La partie teintée en gris indique l'extension des mers siluriennes. On a
tracé comme repère le contour actuel de la France.

tion l'île vosgienne ; mais les deux îles armoricaines se sont rejointes
et un continent assez étendu a formé l'Armorique (Voy. la carte n° 2).
En même temps, une émersion considérable formait au nord des
Vosges un continent septentrional où les dépôts siluriens, dévoniens
et carbonifères de l'époque primaire n'ont jamais été recouverts
depuis par la mer.

2° *Époque secondaire*. — On a essayé de reconstituer approximativement le contour des terres et des mers à l'époque jurassique.
La carte n° 2 représente ce contour (pour l'endroit où se trouve
actuellement la France) au début de la période jurassique. La carte
n° 3 représente le contour pour l'ensemble de la Terre vers le milieu
de cette période. En comparant ces tracés avec le tracé actuel de la

limite des continents et des mers, qui a été reproduit sur ces cartes
pour servir de repère, on voit quelle différence considérable présente
la distribution des terres et des océans à l'époque jurassique et à
l'époque actuelle.

La carte n° 2 montre qu'au commencement de la période jurassique les parties émergées à l'endroit du globe qui correspond à la

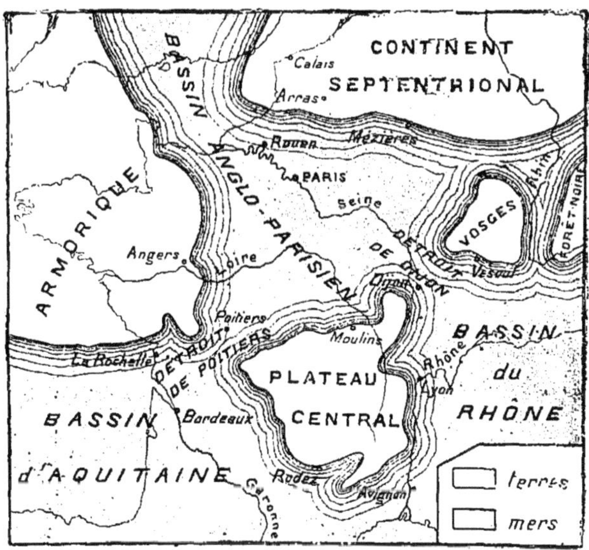

Carte n° 2. — Distribution probable des terres et des mers (à l'endroit du
globe où se trouve maintenant la France) au commencement de la période
Jurassique. La partie teintée en gris indique l'extension des mers jurassiques. On a tracé comme repère le contour actuel de la France, le cours
des grands fleuves actuels et la position occupée aujourd'hui par un certain
nombre de villes.

France actuelle étaient : le Plateau central, la Bretagne qui se reliait
à l'Angleterre pour former une grande île armoricaine, un continent
septentrional joignant l'Angleterre au Nord de la France ; les Vosges
et la forêt Noire.

Le Plateau central était séparé de l'Armorique par le détroit de
Poitiers et des Vosges par le détroit de Dijon. On nomme ainsi ces
détroits d'une manière anachronique pour indiquer qu'ils se trouvaient là où sont situées actuellement les villes de Poitiers et de

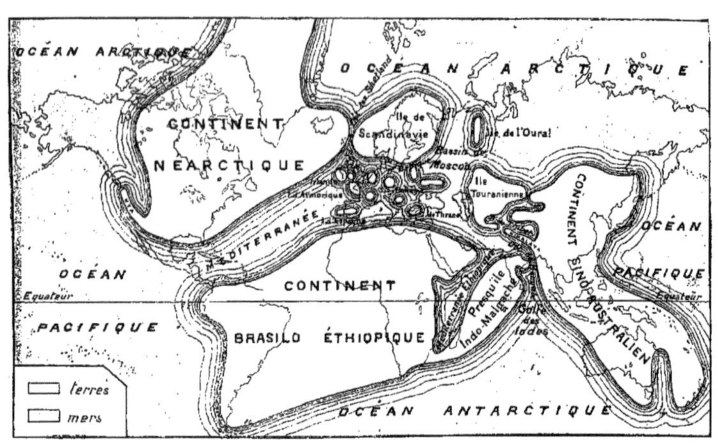

Carte n° 3. — Carte représentant la distribution probable des terres et des mers vers le milieu de l'époque jurassique. — La partie teintée en gris représente l'étendue des mers jurassiques. — On a tracé, comme repère, le contour des continents actuels.

Dijon. Tout le reste formait, dans les bassins anglo-parisien, d'Aquitaine et du Rhône, les mers jurassiques, dont les dépôts relevés de plus en plus ont élargi les continents, de telle sorte qu'à l'époque crétacée, il y avait à la place des deux détroits : l'isthme de Poitiers reliant le Plateau central à l'Armorique et l'isthme de Dijon le reliant aux Vosges.

La carte n° 3 montre que vers le milieu de l'époque jurassique il y avait sur le globe trois continents : 1° le continent *néarctique* comprenant une partie de l'Amérique du Nord actuelle, de l'océan Atlantique, le Groënland et l'Islande ; 2° le continent *brasilo-éthiopique* comprenant presque entièrement l'Amérique du Sud, l'Afrique et la partie australe de l'océan Atlantique ; 3° le continent *sino-australien* comprenant le sud de l'Asie, les îles de la Sonde et presque toute l'Australie actuelle. Il y avait encore l'île de Scandinavie, une autre en Asie et des îles plus petites dans l'Europe occidentale.

3° *Époque tertiaire.* — Les sédiments tertiaires que l'on rencontre à la surface du sol de la France sont toujours superposés aux autres terrains et rarement recouverts par des dépôts marins quaternaires. On les trouve surtout dans les trois grands bassins géologiques de la France : le bassin de Paris, le bassin de l'Aquitaine et le bassin du Rhône. Ces dépôts tertiaires ont peu à peu comblé ces trois bassins, ont émergé, et, à la fin de l'époque tertiaire, la France avait à peu près la même configuration générale qu'à l'époque actuelle.

Mais pendant le dépôt des terrains tertiaires la limite des continents et des mers avait notablement changé. On peut s'en rendre compte en considérant la carte n° 4 qui représente la distribution probable des terres et des mers à l'époque tertiaire, dans la partie du globe correspondant à la France septentrionale actuelle et à l'Angleterre méridionale. Cette carte se rapporte à l'époque du dépôt du calcaire grossier, dans la période de l'éocène.

On voit que le contour du littoral se rapproche plus du contour actuel qu'aux époques précédentes. Il y a cependant encore un grand golfe parisien, et à l'endroit où est actuellement le détroit du Pas-de-Calais se trouvait une île (île anglo-française).

Toute la partie teintée en gris correspond à la mer dans laquelle s'est déposé le calcaire grossier. Ce sont les bancs de galets fossiles ainsi que les perforations des mollusques dans le calcaire grossier qui ont permis de reconstituer la ligne des côtes correspondant à cette période géologique.

La constitution du massif pyrénéen s'est produite à l'époque éocène. On en a la preuve par le soulèvement des couches tertiaires

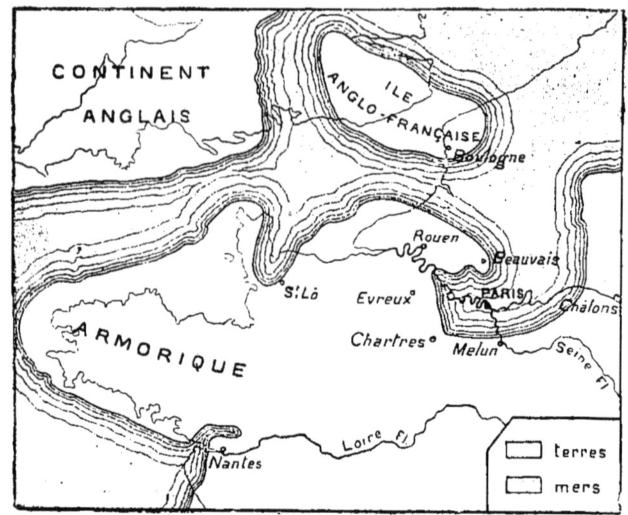

Carte n° 4. — Distribution probable des terres et des mers, à l'endroit du globe où se trouvent actuellement la partie septentrionale de la France et la partie méridionale de l'Angleterre, à l'époque de la période éocène. La partie teintée en gris indique l'extension de la mer qui a déposé le calcaire grossier. On a tracé, comme repère, le contour des continents actuels et la place occupée maintenant par quelques cours d'eau et quelques villes.

qui ont été relevées en même temps que les terrains plus anciens et au-dessus de ces terrains.

Le soulèvement des Alpes a eu lieu à l'époque miocène. On le prouve en remarquant que la roche la plus récente soulevée avec les terrains anciens, dans les Alpes, correspond à des dépôts miocènes.

Après les émersions de dépôts tertiaires, il ne s'est guère produit en France de nouveaux terrains qui aient été soulevés au-dessus du niveau des mers pendant l'époque quaternaire. On peut seulement citer le delta du Rhône et la région des Landes.

4. Changements de climats. — Il est impossible de se rendre compte des climats des diverses régions du globe avant la fin de l'époque secondaire. Les fossiles végétaux trouvés dans les terrains anciens, par leur identité presque complète, quelle que soit la région du globe où on les rencontre, font penser que le climat devait être assez uniforme sur toute la surface de la terre à l'époque primaire et au commencement de l'époque secondaire.

C'est seulement à l'époque crétacée qu'une différence entre les flores de plusieurs contrées, indiquée par les fossiles, peut révéler l'existence de climats spéciaux en diverses régions du globe. Cette distinction devient très nette pendant l'époque tertiaire. On se rend compte par l'étude attentive des fossiles de l'émigration vers les régions chaudes par un grand nombre d'espèces qui croissaient encore dans les régions arctiques pendant la période éocène. C'est ainsi qu'on a découvert au Groënland, dans les dépôts éocènes, de nombreux fossiles de végétaux, parmi lesquels des empruntes de feuilles de Palmiers et de Bananiers, qui indiquent la présence d'un climat analogue au climat tropical actuel.

D'une manière générale, presque partout à la surface du globe, l'étude des documents fossiles indique un climat plus chaud pour les périodes antérieures, et ces indications semblent concorder avec l'idée du refroidissement progressif du globe terrestre.

Il y a cependant une remarquable exception à cette règle; une augmentation considérable des glaciers et par suite un refroidissement des climats s'est produit dans beaucoup de contrées à l'époque quaternaire. On nomme *époque glaciaire* la période qui correspond à cette extension des masses de glace.

La carte n° 5 représente l'étendue qu'occupaient les glaciers à l'époque glaciaire dans les régions voisines de la Savoie et du Dauphiné. On voit, par la comparaison avec les espaces encore recouverts par les glaciers actuels (marqués en blanc sur la carte), combien les glaces se sont réduites depuis l'époque glaciaire.

On trouve de même dans les Pyrénées, dans les Vosges et en Auvergne les traces non douteuses de l'existence ancienne de grands glaciers.

La masse énorme de glace accumulée pendant cette longue période n'est pas nécessairement due à un refroidissement considérable de la surface du globe. Comme on peut le remarquer en étudiant les glaciers actuels, une suite de saisons pluvieuses favorise

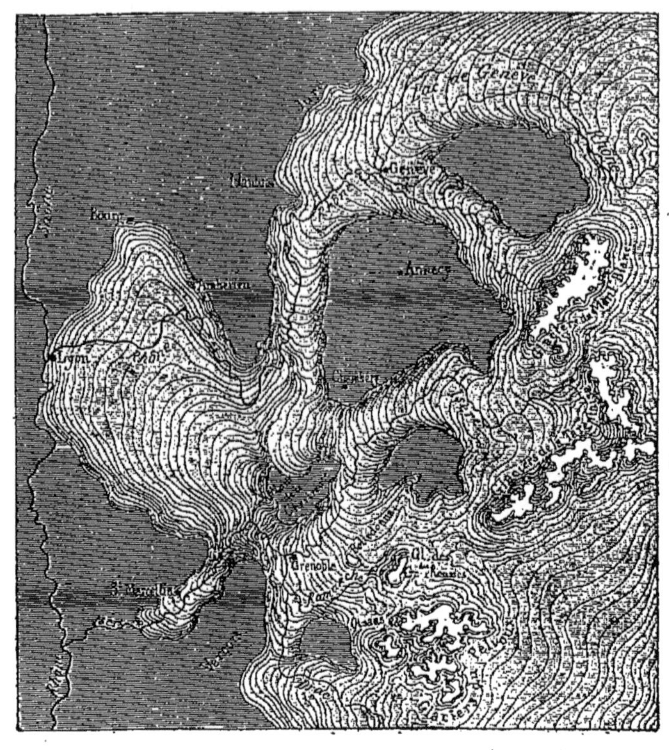

Sol qui n'a jamais été recouvert par les glaciers.

Sol qui a été recouvert par les glaciers à l'époque glaciaire.

Sol qui est resté recouvert par les glaciers actuels.

Carte n° 5. — Étendue qu'occupaient les anciens glaciers de l'époque quaternaire, comparée à celle des glaciers actuels (en blanc) dans les Alpes de la Savoie et du Dauphiné.

leur augmentation pendant un certain nombre d'années; c'est donc plutôt par la succession d'étés très humides qu'on cherche à s'expliquer ce phénomène.

CHAPITRE I

LES ANIMAUX DE L'ÉPOQUE PRIMAIRE

5. Les Trilobites. — Les premiers animaux que l'on rencontre dans les couches fossilifères les plus anciennes appartiennent à un groupe de Crustacés marins qui a pris, comme nous l'avons dit plus haut, une extension considérable dans les temps primaires et dont on ne trouve plus trace ensuite dans les terrains plus récents. Ce sont les *Trilobites*, ainsi nommés à cause de la division de leur corps en trois parties dans le sens de la longueur (fig. 1, 2, 4 et 6 à 11).

Les Trilobites étaient de singuliers Crustacés qui souvent pouvaient s'enrouler sur eux-mêmes (fig. 2 à gauche) à la manière des Cloportes, ces petits Crustacés qu'on trouve actuellement sous les pierres humides.

On a fait remarquer que les Trilobites, que l'on trouve dans les couches les plus anciennes de l'époque primaire où l'on ne rencontre pas en

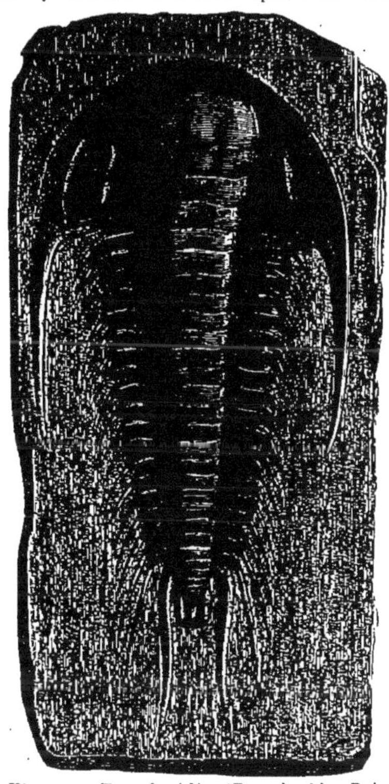

Fig. 1. — Paradoxidès (*Paradoxides Bohemicus*) Trilobite de la période silurienne (1/2 grandeur naturelle).

abondance les Mollusques céphalopodes (qui poursuivent et dévorent les Crustacés), ne sont jamais enroulés sur eux-mêmes. Leurs articles successifs ne présentent pas cette mobilité qu'on trouve chez les Trilobites des couches moins anciennes de la période silurienne, et plus encore chez ceux qui ont vécu ensuite, pendant la période dévonienne. Or, dans les dépôts du silurien supérieur et du dévonien, les Trilobites fossiles sont accompagnés de nombreuses coquilles de Céphalopodes qui vivaient à la même époque. Il semble donc

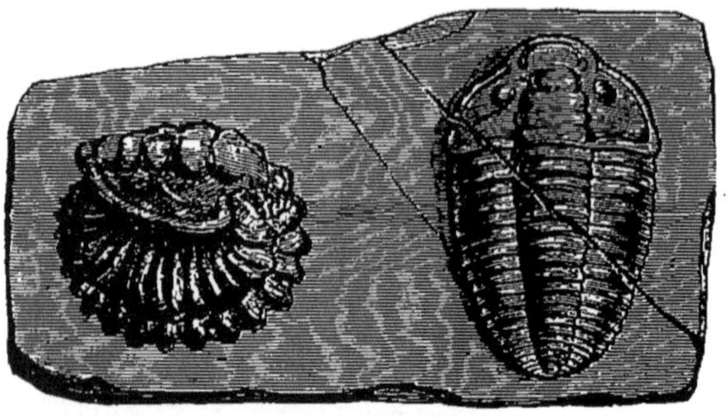

Fig. 2. — Calymène (*Calymene Blumenbachii*), Trilobite du silurien supérieur. — L'échantillon de gauche est un Calymène enroulé sur lui-même, celui de droite est déroulé (1/2 grandeur naturelle).

qu'on peut voir dans ces faits la preuve d'un remarquable exemple d'adaptation. En effet, c'est sans doute pour se défendre contre l'attaque de leurs ennemis que les Trilobites avaient acquis la propriété de s'enrouler sur eux-mêmes, en protégeant les parties molles de leurs corps, afin de n'exposer à l'extérieur que la surface la plus dure de leur carapace.

On distingue dans un Trilobite la tête, le thorax et l'abdomen.

La tête porte ordinairement deux yeux (fig. 2 à droite et fig. 10), dont on a parfois retrouvé l'empreinte très nette, et qui sont munis de nombreuses facettes comme les yeux des Crustacés actuels. La tête a une partie centrale renflée (*glabelle*), et deux parties latérales (*joues*) (Voy. fig. 1, 10, 11) qui se prolongent souvent par deux pointes plus ou moins allongées (*pointes génales*) (fig. 1 et 11).

Le thorax a un nombre variable d'anneaux qui peuvent être mobiles les uns par rapport aux autres, et chaque anneau porte, à droite et à gauche, des appendices (*plèvres*) donnant au corps une apparence trilobée dans le sens de la largueur.

Enfin l'abdomen (*pygidium*) est constitué par des anneaux soudés entre eux et est plus ou moins développé suivant les espèces.

Des empreintes particulièrement bien conservées ont permis de reconstituer l'organisation des Trilobites. C'est ainsi que la figure 3 fait voir une coupe transversale, montrant la disposition des pattes *p, e* et des branchies *b* situées sous les plèvres *pl*; ainsi que la coupe de l'intestin *i*.

Et maintenant, de quel type de Crustacés actuels peut-on rapprocher ces animaux de l'époque primaire ?

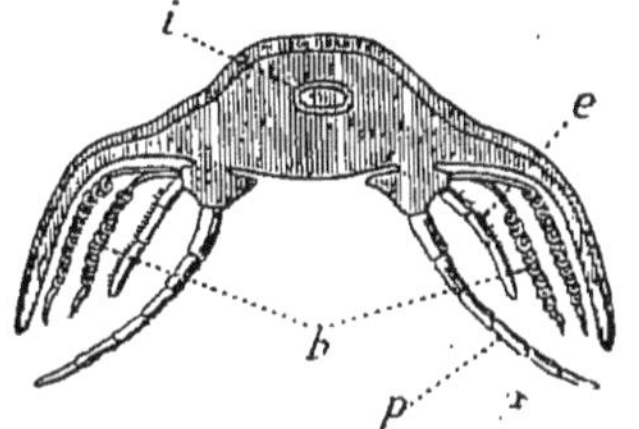

Fig. 3. — Coupe reconstituée du corps d'un Trilobite : *p, e*, pattes; *b*, branchies; *pl*, plèvres; *i*, coupe de l'intestin.

Les Crustacés vivants qui ressemblent le plus aux Trilobites sont les Limules ou Crabes des Moluques qui se trouvent sur les côtes de l'Amérique du Nord ou des îles Moluques. Les figures 4 et 5, qui montrent en regard un

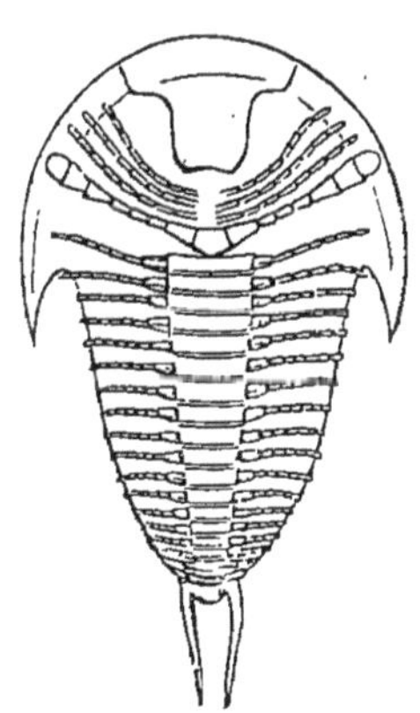

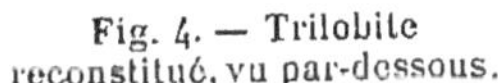

Fig. 4. — Trilobite reconstitué, vu par-dessous.

Fig. 5. — Limule, Crustacé actuel, comparable aux Trilobites, vu par-dessous; long. 0ᵐ,60.

Trilobite reconstitué vu par-dessous et une Limule, font voir cette ressemblance générale ; mais c'est l'étude du développement des Limules qui a permis de rapprocher avec certitude les Trilobites de ces animaux actuels. On a observé, en effet, que lorsqu'un œuf de

Limule éclot, il donne naissance à un jeune animal dont le corps est nettement trilobé, muni d'un thorax à anneaux mobiles, d'une tête à trois parties (glabelle et joues), ressemblant en somme tout à fait aux Trilobites adultes. La première phase du développement d'une Limule (phase trilobitique) indique donc le lien étroit qui rattache ces animaux aux Crustacés primaires dont nous parlons.

6. Évolution d'un même être d'après les documents fossiles. — Grâce à la bonne conservation d'un très grand nombre de Trilobites, on a pu suivre le développement de la même espèce à différents âges. Les figures 6 à 10 représentent, par exemple, les divers états de l'évolution d'un même Tribolite : la tête se développe d'abord et, au début, les anneaux sont à peine indiqués.

Nous verrons que les premières phases du développement d'un animal reproduisent les formes d'animaux moins compliqués qui ont existé avant eux. Un exemple vient de nous en être fourni par le

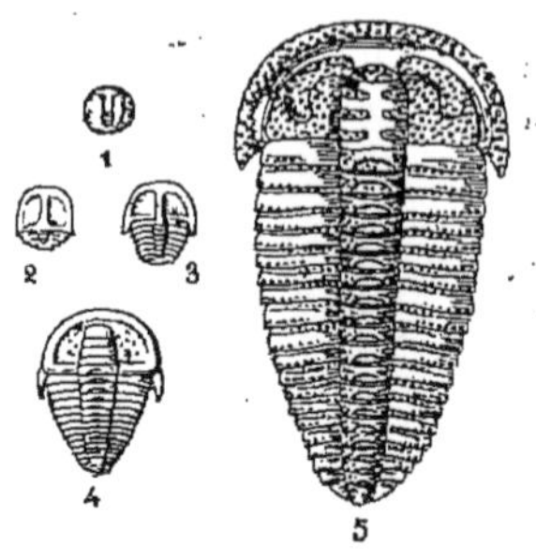

Fig. 6 à 10. — Divers états de développement d'un même Trilobite (*Sao hirsuta*) ; les figures 1, 2, 3, 4 sont grossies, la figure 5 est 1/2 grandeur naturelle.

Fig. 11. — Trinucléus (*Trinucleus Goldfussi*) Trilobite de la période silurienne (grandeur naturelle)

Limule. Or, puisque les premières formes du développement d'une espèce actuelle telle que la Limule ressemblent à l'état adulte des Trilobites, nous devons être porté à croire que les premières phases de l'évolution d'un Trilobite (1, fig. 6) doivent correspondre à l'état adulte de Crustacés antérieurs aux Trilobites. Cette intéressante remarque est la seule indication que nous ayons sur la forme possible de Crustacés antérieurs à l'époque primaire et dont on n'a encore trouvé aucune trace. Car il est bien évident que les Trilobites, animaux déjà assez compliqués comme organisation, n'ont pas apparu tout à coup à la surface du globe et doivent avoir été précédés par des formes sans doute plus simples.

On a pu même suivre aussi parfois l'évolution d'un organe. Ainsi, en comparant des Trinucléus (fig. 11) de même espèce et en examinant des individus de tailles très différentes, on s'est rendu compte que, dans le très jeune âge, ce Trilobite ne possède pas encore d'yeux, que les yeux sont développés dans une période moyenne de l'évolution et enfin qu'ils disparaissent complètement chez les individus adultes.

7. Autres Crustacés primaires. — Vers la fin de la période silurienne et dans la période dévonienne, vivaient d'autres Crustacés remarquables par leur grande taille et plus différenciés que les Trilobites. On peut citer, entre autres, les Ptérygotus (fig. 12) trouvés dans les terrains dévoniens et dont la longueur pouvait dépasser 2 mètres. On voit que leurs pattes étaient très différentes les unes des autres; les pattes antérieures étaient en forme de pinces comme celles des Homards actuels. D'après la nature des roches où l'on a trouvé les débris de ces grands Crustacés, il semble que ce devaient être des animaux de rivage et non des Crustacés de haute mer comme les Trilobites. Leur conformation indique nettement qu'ils étaient carnivores.

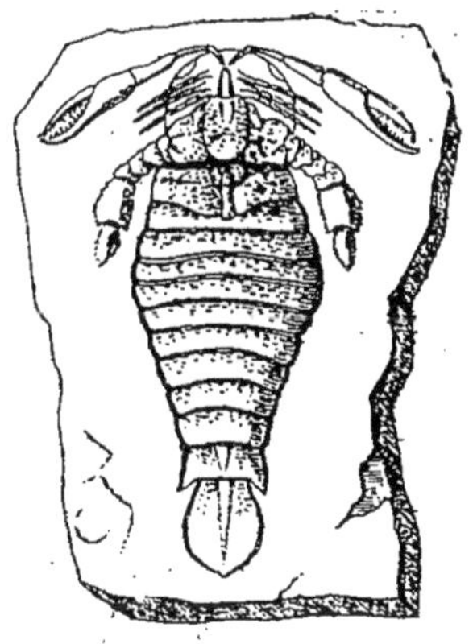

Fig. 12. — Ptérygotus (*Ptérygotus anglicus*), Crustacé fossile du silurien supérieur; long.: 1^m,5o.

8. Les Céphalopodes de l'époque primaire. — A côté des Crustacés, il faut citer un groupe de Mollusques très répandu à l'époque primaire, ce sont les Céphalopodes, caractérisés par une tête distincte, aux yeux latéraux, et à nombreux tentacules munis de ventouses qui leur servent à capturer leurs proies. On peut citer la Seiche qui est un Céphalopode aujourd'hui vivant (fig. 13).

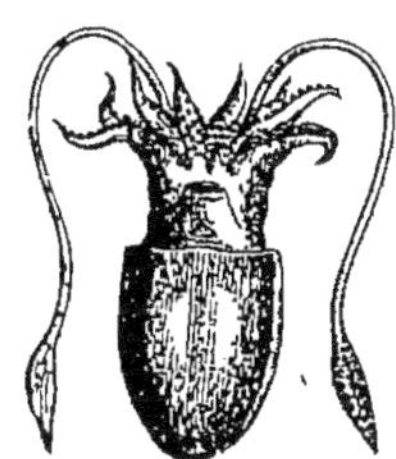

Fig. 13. — Seiche, Mollusque Céphalopode actuel; long. : o^m,2o.

Mais, parmi les Mollusques céphalopodes, on distingue sous le nom de *dibranchiaux* ceux qui n'ont que deux branchies comme la Seiche ,et sous le nom de *tétrabranchiaux* ceux qui ont quatre branchies. De ces derniers, il ne reste plus actuelle ment que les Nautiles (fig. 14) qui vivent dans la mer des Indes.

Pendant la période silurienne, l'abondance et la variété des Céphalopodes tétrabranchiaux était telle qu'on a décrit plus de 1 780 espèces de Mollusques fossiles des terrains siluriens, appartenant à ce groupe d'animaux qui n'est plus représenté maintenant que par une seule forme. Et ce qui est le plus remarquable, c'est que cette même forme encore existante, le Nautile, se trouvait déjà développée à l'époque silurienne. C'est un de ces exemples intéressants d'un genre assez compliqué comme organisation (car le Nautile représente peut être le type le plus élevé de tous les Mollusques connus), persistant à travers tous les âges de la terre, à côté des transformations incessantes qui se sont produites dans la plupart des formes animales.

Le Nautile (fig. 14) a une grande coquille

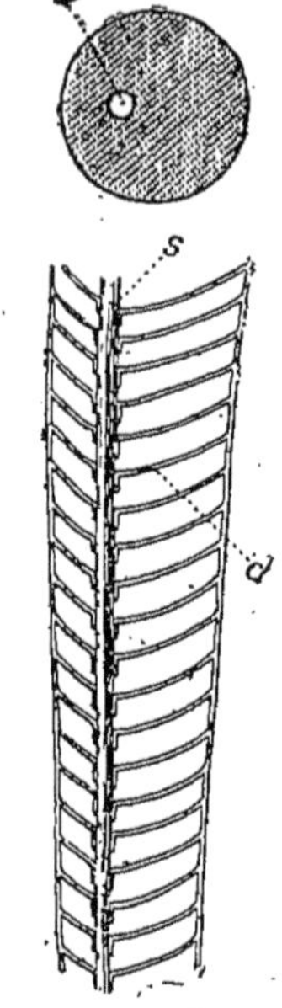

Fig. 15 et 16. — Fragment de la coquille d'un Orthocère (*Orthoceras neptuncum*), Céphalopode de la période silurienne. La coquille est coupée en long : *s*, siphon ; *cl*, une des cloisons séparant les loges. — Au-dessus : coupe transversale montrant la position du siphon *s*.

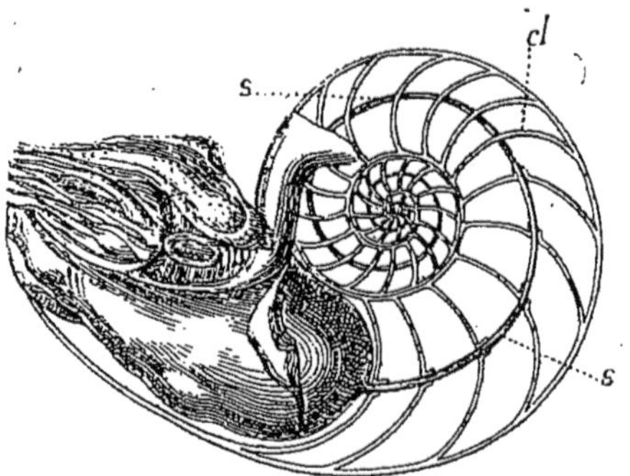

Fig. 14. — Nautile actuel (la coquille est supposée coupée en long : *s. s*, siphon ; *cl*, une des cloisons qui séparent les loges successives.

divisée par des cloisons *cl* en loges successives qui sont reliées les unes aux autres par un tube *s* (appelé *siphon*), à travers lequel passe le ligament qui attache le Mollusque à sa coquille. La partie molle et vivante de l'animal se trouve placée dans la loge la plus grande et la plus voisine de l'extérieur. A mesure que le Nautile grandit, il habite des loges de plus en plus larges, abandonnant successivement toutes ses habitations précédentes.

Les formes primaires ayant la même organisation que le Nautile sont très variées. Il nous suffira de citer les Orthocères et les Lituites.

Les Orthocères (fig. 15 et 16) sont comme des Nautiles dont la coquille serait droite et non enroulée sur elle-même. Les Lituites (fig. 17) réalisent un curieux intermédiaire entre les deux formes : leur coquille est d'abord enroulée comme celle des Nautiles, puis droite comme celle des Orthocères.

A mesure qu'on avance dans l'époque primaire, on voit diminuer le nombre des Céphalopodes tétrabranchiaux, et par contre augmenter celui des dibranchiaux.

Pour comprendre comment on peut reconnaître ces deux grands groupes de Céphalopodes à l'état fossile, bien que leur branchies et leurs autres parties

Fig. 17. — Fragment d'une coquille de Lituite (*Lituites lituus*), Céphalopode du silurien.

molles n'aient pas été conservées, comparons la coquille d'une Spirule (qui fait partie des Céphalopodes dibranchiaux et qui est actuellement vivante) (fig. 18 et 19) à la coquille d'un Nautile (fig. 14 et 18).

Dans la Spirule, le siphon (s, fig. 20) est latéral, placé du côté de la partie interne, et il ne se prolonge pas dans la première loge initiale i. Dans le Nautile, le siphon (s, fig. 19) traverse les loges et se prolonge jusqu'au fond de la loge initiale l. En outre, chez les Céphalopodes dibranchiaux, les loges se raccordent avec la surface de la coquille par des lignes de suture plus ou moins contournées qui sont d'un grand intérêt, dans la

Fig. 18. — Spirule, Mollusque Céphalopode actuel ; long. : 0ᵐ,04.

comparaison des fossiles de ce groupe aux divers âges du globe.

On peut citer parmi les Céphalopodes dibranchiaux les Goniatites, très abondantes dans la période dévonienne. On voit (fig. 21) sur un moulage fossile de Goniatite la trace laissée par les lignes de suture qui sont courbes, à la fois sinueuses et anguleuses. Or, la compli-

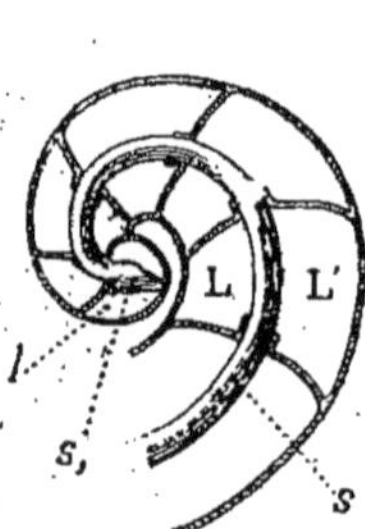

Fig. 19. — Extrémité de la coquille d'un Nautile (Céphalopodes tétra-branchiaux), coupée en long. : L, L′, une loge ; s, s, siphon qui pénètre jusque dans la loge initiale l.

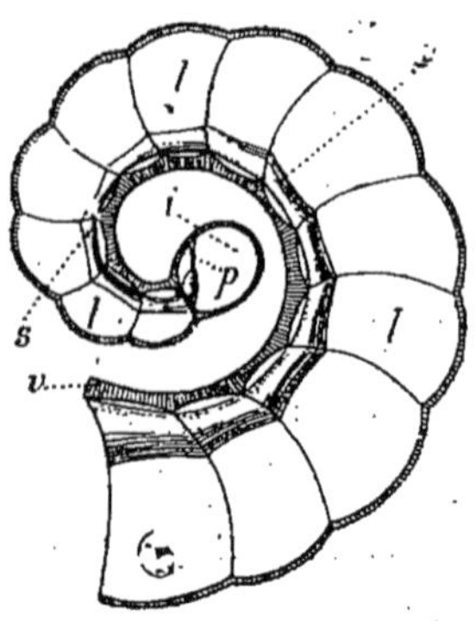

Fig. 20. — Extrémité de la coquille d'une Spirule (Céphalopodes di-branchiaux) : l, l, l, loges ; s, siphon qui ne pénètre pas dans la loge ini-tiale i ; p, ligament appelé *prosiphon* qui attache l'extrémité du siphon ; v, coupe de la paroi de la coquille.

cation de la courbe qui forme cette ligne de suture dans ce groupe de Céphalopodes appelé *Ammonées*, aug-mente à mesure qu'on considère des fos-siles de plus en plus récents dans les couches primaires. A la fin de la période carbonifère, on trouve des Ammonées à cloisons très contournées, qu'on consi-dère comme les descendants des Gonia-tites et comme les ancêtres des véritables Ammonites de l'époque secondaire.

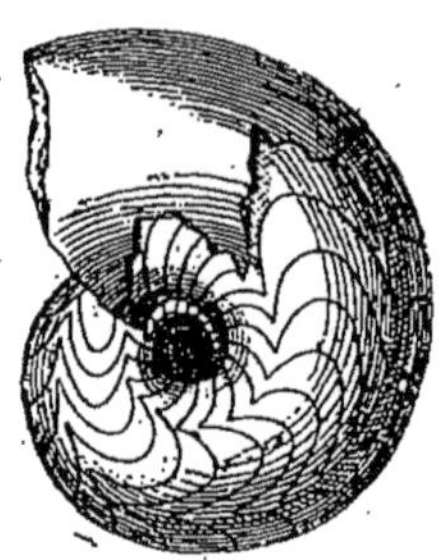

Fig. 21. — Moulage fossile d'une coquille de Goniatite (*Goniatites intumescens*), Cé-phalopode du dévonien, montrant le raccordement sinueux des loges avec la paroi extérieure de la co-quille (1/2 grandeur natur.).

Tous les Céphalopodes dont nous ve-nons de parler étaient adaptés à la vie carnivore et devaient avoir pour proie les Trilobites et aussi des Mollusques marins de plus petite taille dont on a découvert de nombreuses coquilles fos-siles dans les formations primaires.

9. Les Brachiopodes de l'époque primaire. — Les Brachiopodes forment un groupe d'Invertébrés que l'on éloigne plus ou moins des Mollusques avec lesquels on les avait confondus autrefois. Comme les Mollusques à deux valves, ces animaux ont une coquille divisée en deux parties, mais l'une dorsale et l'autre ventrale, tandis que dans un Acéphale, une Moule par exemple, il a

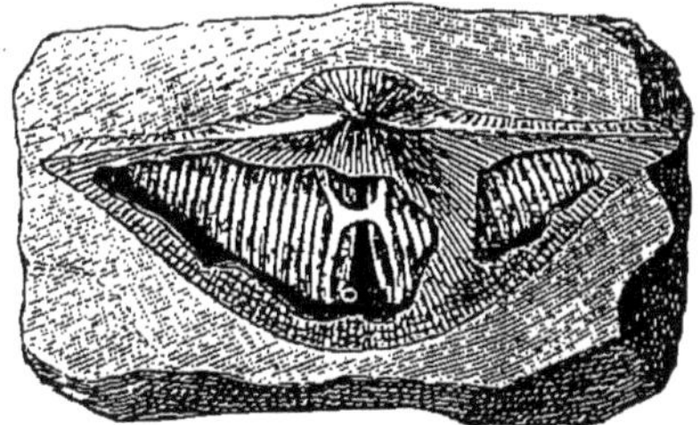

Fig. 22. — Spirifer (Brachiopode de la période dévonienne) dont la coquille est brisée pour montrer l'appareil en spirale qui soutenait les bras (1/2 grandeur naturelle).

Fig. 23. — Brachiopode actuel comparable aux Spirifers. On a enlevé une partie de l'animal pour montrer les bras enroulés (grandeur naturelle).

une valve située à droite du corps et l'autre à gauche. Les Brachiopodes sont surtout caractérisés par deux bandes de cils vibratiles, enroulées souvent en spirale, qui servent à la nutrition et concourent à la respiration de l'animal (fig. 23).

Les Brachiopodes ont passé dans le dévonien par le maximum de leur développement et ils ne sont plus représentés actuellement que par des genres peu nombreux. On peut citer, comme ayant beaucoup d'espèces dans les terrains primaires, le genre Spirifer (fig. 22) qui a des coquilles à deux valves inégales et dont la charnière est droite. On a trouvé de ces coquilles fossiles assez bien conservées pour qu'en cassant délicatement l'une des valves, on puisse apercevoir un remarquable appareil formé de deux élégantes spires réunies vers le milieu et fixées sur la coquille. Cet appareil compliqué formait un support pour les

Fig. 24. — Coquille fossile de Lingule de la période silurienne.

Fig. 25. — Lingule vivante, avec le pédoncule qui lui sert d'attache.

bras à cils vibratiles. Les animaux actuels qui ressemblent le plus aux Spirifers vivent dans les mers tropicales (comparez les figures 22 et 23).

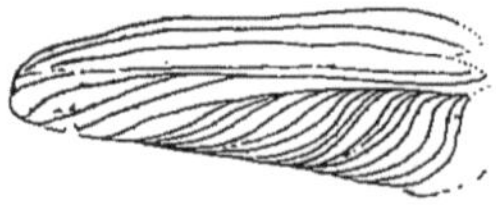

Fig. 26. — Empreinte attribuée à tort à une aile de Blatte (Silurien) (grandeur naturelle).

Certains Brachiopodes n'ont pas de charnière à leur coquille, et les deux valves sont simplement réunies entre elles par des muscles. Telles sont les Lingules dont les valves laissent passer entre elles un pédoncule qui sert d'attache à l'animal (fig. 25).

Il existe actuellement des Lingules vivantes et il est remarquable que ce soit une Lingule des couches les plus inférieures du silurien (*Lingulella ferruginea*) qui soit le plus ancien fossile connu. Voilà encore, comme pour le Nautile, un exemple d'une forme restant immuable pendant toutes les périodes géologiques (comparez les figures 24 et 25).

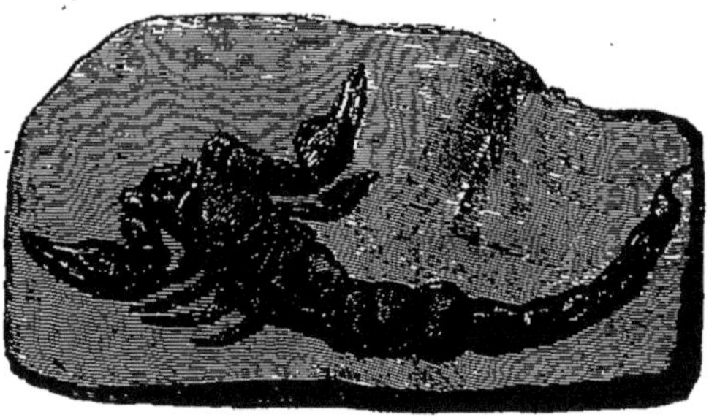

Fig. 27. — Paléophone, Arachnide fossile de la période silurienne (grandeur naturelle).

10. Invertébrés terrestres de l'époque primaire. — Les dépôts formés sur les continents sont rares à l'époque primaire, et cependant les fossiles d'Invertébrés qui y ont été observés nous permettent de juger qu'il devait y avoir déjà, à cette époque reculée de l'histoire du globe terrestre, des organismes complexes adaptés à la vie aérienne.

Fig. 28. — Scorpion actuel, Arachnide comparable au Paléophone (1/2 grandeur naturelle).

On a découvert dans le Silurien une empreinte qu'on avait attribuée à une aile de Blatte (fig. 26) ; on a reconnu depuis que c'est l'empreinte d'une plèvre de Trilobite. Mais, dans le silurien, on a rencontré de nombreuses espèces de Scorpions, Arachnides très analogues aux Scorpions actuels (fig. 27 ; comparez à la figure 28) avec leurs pinces, leur dard porte-venin et les stigmates, orifices des trachées, ce qui démontre que leur respiration se faisait dans l'air et non dans l'eau. On a trouvé aussi dans les terrains carbonifères des empreintes d'Araignées fossiles, ainsi que de Myriapodes qui rappellent les Iules, ces sortes de Millepattes

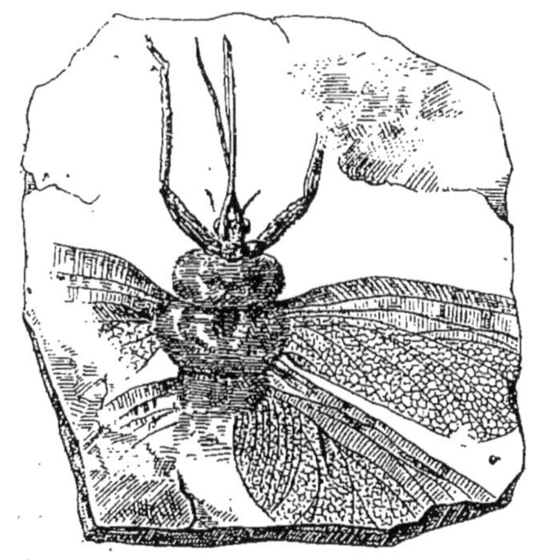

Fig. 29. — Eugéréon (*Eugereon Bœkingi*), Insecte de la période carbonifère (2/3 de grand. natur.).

qu'on voit souvent aujourd'hui sur les feuilles des Fougères.

Mais ce sont surtout les fossiles trouvés à l'époque carbonifère

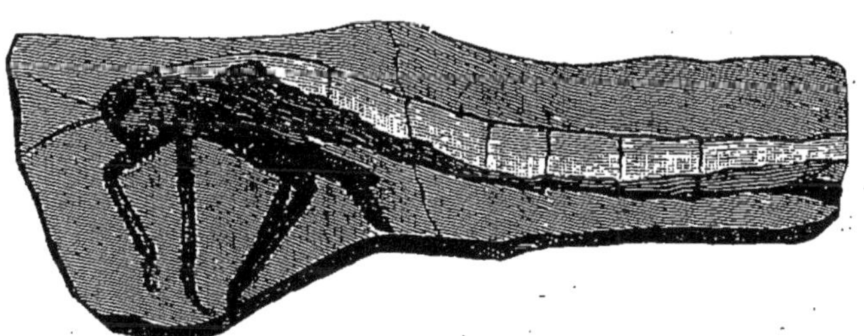

Fig. 30. — Titanophasme (*Titanophasma Fayoli*), Insecte fossile de la période carbonifère ; long. : 0ᵐ,25.

qui révèlent l'existence d'Insectes variés, presque toujours de grande taille (certains atteignaient 75 centimètres de largeur, les ailes étendues). On peut remarquer que la plupart de ces Insectes présentent des caractères mixtes entre ceux de deux ordres d'insectes actuels. Citons, par exemple, l'Eugéréon (fig. 29) dont les ailes sont sem-

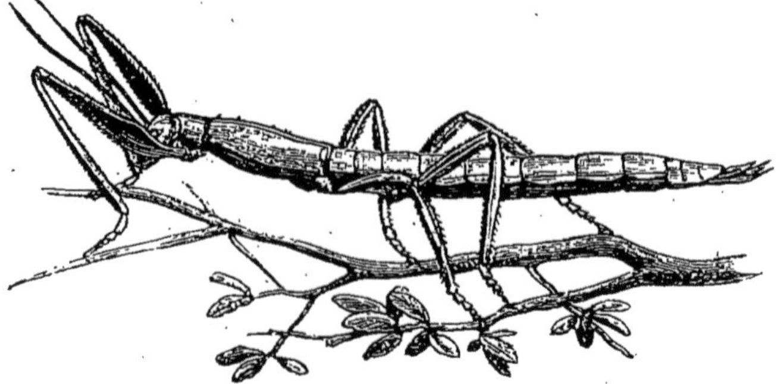

Fig. 31. — Phasme, Insecte actuel comparable au Titanophasme.

blables à celles d'une Libellule (Névroptères), tandis que leur trompe rappelle celle d'une Punaise des bois (Hémiptères). On peut encore mentionner le Titanophasme (fig. 30) comparable aux Phasmes actuels (fig. 31), mais qui atteignait 25 centimètres de longueur, et qui présente des caractères intermédiaires entre les Orthoptères et les Névroptères.

Fig. 32. — Pupa, Mollusque Gastéropode pulmoné de la période carbonifère (2/3 de grand. naturelle).

Ajoutons que les Mollusques Gastéropodes pulmonés, respirant dans l'air comme l'Escargot, existaient aussi à l'époque primaire. Tel est le Pupa (fig. 32) de la période carbonifère.

On peut juger, par ces quelques exemples se rapportant à des animaux si différents, de la diversité déjà très grande qui se montrait alors parmi les Invertébrés terrestres.

11. Les Poissons, les Batraciens et les Reptiles primaires. — Bien qu'on n'ait pas encore trouvé de fossiles primaires pouvant se rapporter aux Oiseaux ou aux Mammifères, les Vertébrés existaient déjà à la surface du globe pendant cette époque : ce sont des Poissons, des Batraciens et des Reptiles.

Les Poissons, qu'on rencontre même dès le silurien inférieur, sont très développés pendant la période dévonienne, et l'on en trouve

encore beaucoup dans le carbonifère. Ils présentent le caractère
d'être « hétérocerques », c'est-à-dire que leur queue est formée de
deux parties inégales et que la colonne vertébrale se prolonge dans
la partie la plus grande de la queue, comme chez l'Esturgeon

Fig. 33. — Paléoniscus (*Palæoniscus Freislebeni*), Poisson de la période
carbonifère (1/2 grandeur naturelle).

(fig. 34), la Raie, le Squale parmi les Poissons actuels : tel est le
Paléoniscus (fig. 33). Les Poissons hétérocerques sont aujourd'hui
les moins nombreux ; presque tous ont les deux parties de la queue

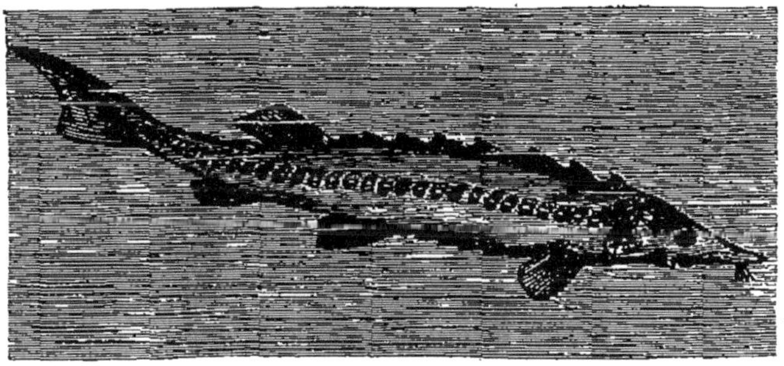

Fig. 34. — Esturgeon, Poisson actuel comparable au Paléoniscus ;
long. : 1^m,60.

égales et leur colonne vertébrale ne se prolonge pas dans la queue ;
on dit qu'ils sont « homocerques ». Lorsqu'on suit la série des Poissons depuis l'époque primaire, on voit le nombre relatif des espèces
hétérocerques diminuer par rapport à celui des espèces homocerques.

De plus, la plupart de ces Poissons primaires étaient cartilagineux, tandis que maintenant les Poissons osseux sont de beaucoup les plus nombreux.

A côté de ces Poissons, qu'on peut comparer à leurs congénères actuels, il faut parler de Poissons à formes étranges, recouverts de plaques osseuses et qu'on trouve surtout dans le silurien supérieur et le dévonien ; ce sont les Ganoïdes. L'un des plus curieux est le Ptérichthys (fig. 35), dont la tête est couverte de plaques et qui

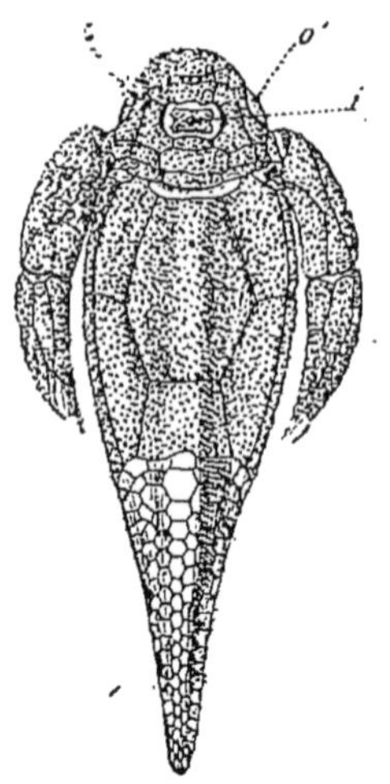

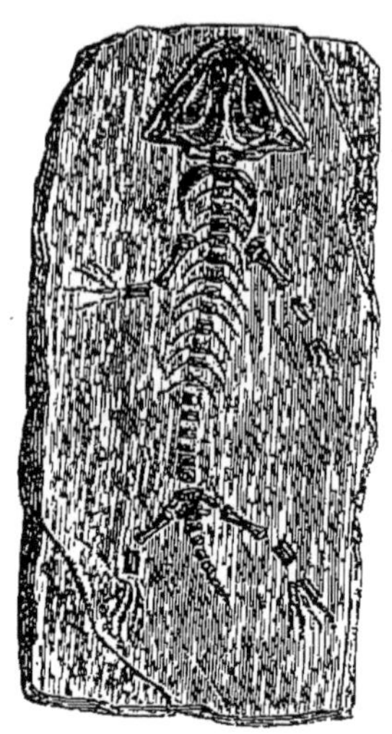

Fig. 35. — Ptérichtys (*Pterichthys cornutus*), Poisson ganoïde de la période dévonienne (figure très réduite).

Fig. 36. — Protriton (*Protriton petrolei*), Têtard de Batracien de la période carbonifère (grandeur naturelle).

porte, outre les deux yeux (*o, o*), un œil impair (*i*) correspondant à la trace d'un troisième œil trouvée chez les Lézards actuels. Le thorax est protégé par treize plaques hexagonales, et les deux nageoires latérales ainsi que la queue sont également recouvertes de plaques osseuses protectrices. D'ailleurs, presque tous les Poissons de l'époque primaire étaient protégés contre leurs ennemis par des écailles osseuses ou par des carapaces très épaisses.

Les Batraciens se trouvent à l'état fossile dans le carbonifère ; certains d'entre eux ont des rapports étroits d'organisation avec les Poissons ganoïdes dont nous venons de parler. D'autres se rappro-

chent des Salamandres actuelles. On peut comparer aux Salamandres
le Protriton (fig. 36) qui paraît être le têtard d'un Batracien fossile
(Branchiosaure). D'autres encore, comme l'Actinodon et de nom-

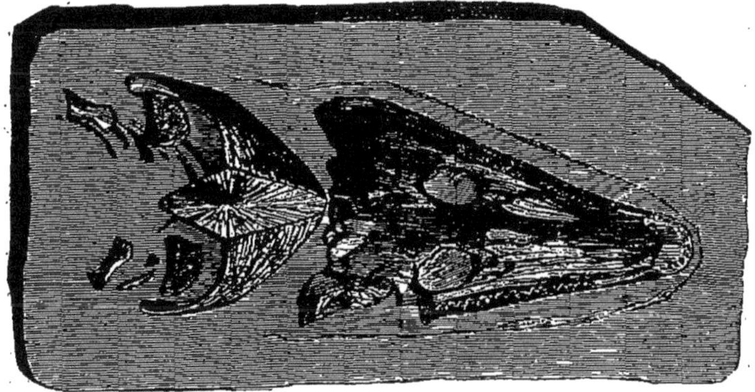

Fig. 37. — Tête d'Archégosaure (*Archegosaurus Decheni*), de la période
carbonifère ; long. de la tête : 0^m,12.

breuses formes très diverses, rattachent les Batraciens aux Reptiles
par une suite de transitions insensibles.

L'Archégosaure (fig. 37) qui ressemble beaucoup au Varan, sorte

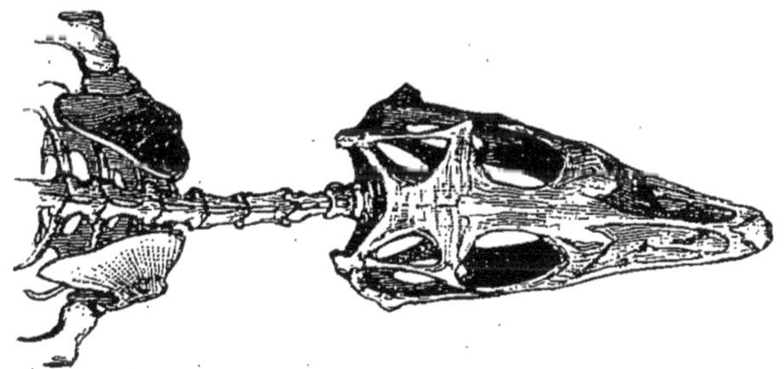

Fig. 38. — Squelette de la tête d'un Lézard actuel (Varan du Nil),
Reptile comparable à l'Archégosaure (1/2 grandeur naturelle).

de grand Lézard, vivant actuellement dans le Nil (fig. 38) est un
Reptile du carbonifère présentant encore certains caractères des
Batraciens. Les os de la tête peuvent être comparés un à un chez
l'Archégosaure et le Varan : ils présentent une concordance parfaite.
Ce n'est qu'à la fin de l'époque primaire, d'ailleurs, que l'on trouve

des fossiles pouvant être rangés avec certitude parmi les Reptiles ; tel est le Protérosaure.

On voit, par ces quelques exemples, que la plupart des Vertébrés connus de l'Époque primaire étaient adaptés à la vie aquatique.

12. Coup d'œil sur la faune primaire. — Les fossiles les plus anciens ne peuvent nous donner aucune idée des origines de la vie. Ce sont des Crustacés d'une organisation déjà très complexe, des Mollusques très perfectionnés, et même des Arachnides comme les Scorpions. Il faut donc forcément admettre que les terrains primaires correspondent à une époque qui a été précédée de beaucoup d'autres que nous ne connaisons pas encore. Les phénomènes de cristallisation des éléments des roches (*métamorphisme*) qui ont altéré les dépôts primitifs n'ont pas permis aux fossiles de se conserver ou ont rendu leur recherche si difficile qu'on n'a pu encore en signaler avec certitude.

Sans parler des nombreuses espèces de Rayonnés ou de Protozoaires qu'on rencontre à l'époque primaire et dont nous n'avons pas parlé, les divers groupes que nous avons rapidement passés en revue nous permettent de nous faire une idée de la vie animale pendant ces périodes reculées de l'histoire de la terre.

La grande extension, pendant le silurien et le dévonien, des Trilobites dont on ne retrouve plus que trois espèces dans le carbonifère : le développement des Brachiopodes qui présentent leur maximum d'évolution dans le dévonien pour diminuer ensuite ; le règne des Céphalopodes tétrabranchiaux, nous font comprendre la prédominance de ces divers groupes d'Invertébrés dans les mers primaires. Vers la fin de cette époque, évoluent les Céphalopodes dibranchiaux, qui passent insensiblement aux Ammonites de l'époque secondaire.

Le peu de documents récoltés sur la vie aérienne nous montrent cependant des Insectes de grande taille, très variés de formes et d'une organisation compliquée, des Arachnides divers, des Myriapodes et des Mollusques pulmonés.

Enfin, les Vertébrés sont surtout des Poissons hétérocerques, des Batraciens qui, d'une part, se rattachent aux Poissons ganoïdes et d'autre part aux vrais Reptiles dont les fossiles bien déterminés n'ont été rencontrés encore que dans les couches primaires supérieures. Tous ces animaux sont, en général, adaptés à la vie aquatique.

RÉSUMÉ

Trilobites marins. — Les Trilobites sont des *Crustacés* qui caractérisent l'époque primaire.

Organisation d'un Trilobite.

1er lobe du corps : Tête.
- *Yeux*, munis de nombreuses facettes.
- *Glabelle*, partie centrale renflée.
- *Joues*, parties latérales.
- *Pointes génales*, prolongements des joues.

2e lobe du corps : Thorax.
- *Anneaux* en nombre variable portant les plèvres qui recouvraient les pattes et les branchies.

3e lobe du corps : Pygidium.
- Le *pygidium* ou *abdomen* est composé d'un nombre très variable d'anneaux.

Divers Trilobites.
- Paradoxidès (corps allongé). — Calymène (pouvant s'enrouler sur lui-même comme un Cloporte). — Trinucléus (pygidium court, tête grosse et pointes génales allongées), etc.

Principaux animaux de l'époque primaire. — On peut résumer dans le tableau suivant les principaux animaux fossiles de terrains primaires.

Invertébrés.

Brachiopodes.
- A deux valves; diffèrent des Mollusques bivalves en ce qu'ils ont une valve ventrale et une valve dorsale : Spirifer, Lingule, etc.

Mollusques.
- *Céphalopodes tétrabranchiaux* : Nautile, Orthocère, Lituite, etc.
- *Céphalopodes dibranchiaux* : Goniatite, etc.
- *Gastéropodes* : Pupa, etc.

Articulés.
- *Crustacés* : Trilobites; Ptérygotus (rappelant un peu le Homard), etc.
- *Arachnides* : Paléophone (analogue au Scorpion).
- *Insectes* : Paléophasme (analogues aux Phasmes). — Il y avait de très grands Insectes dont quelques-uns avaient jusqu'à 75 centimètres de longueur, les ailes étendues.

Vertébrés.

Poissons.
- Tous *hétérocerques*, c'est-à-dire à queue ayant deux lobes inégaux : Paléoniscus, Ptérichtys, etc.

Batraciens.
- Protriton (analogue aux Salamandres), etc.

Reptiles.
- Archégosaure (ressemblant au Varan, grand Lézard du Nil, mais ayant encore des caractères de Batracien). — Protérosaure (vrai Reptile).

CHAPITRE II

LES ANIMAUX DE L'ÉPOQUE SECONDAIRE

13. Les Ammonites. — Les Ammonites sont des Mollusques Céphalopodes dibranchiaux qui sont rattachés, comme nous l'avons vu, aux Goniatites du dévonien par toute une série d'intermédiaires trouvés dans les couches supérieures des terrains primaires. Ces animaux abondaient dans les mers de l'époque secondaire et leurs

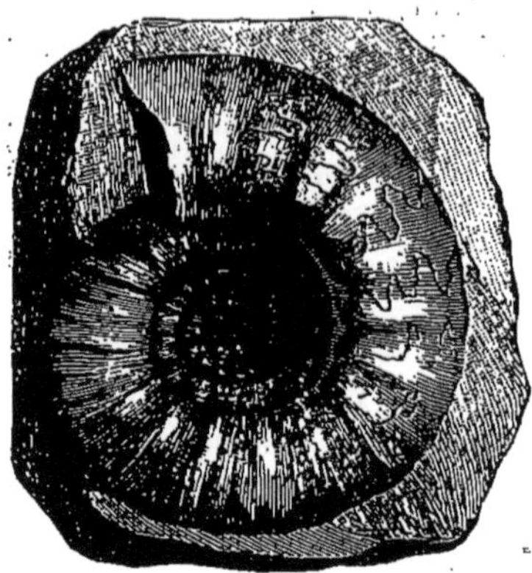

Fig. 39. — Ammonite, Mollusque Céphalopode de l'époque secondaire; on voit en partie les lignes sinueuses de raccordement des cloisons avec la surface externe (grandeur natur.).

Fig. 40. — Fragment de la coquille d'une Ammonite, montrant comment les cloisons S, S, qui séparent les loges successives L_1, L_2, L_3, se raccordent à la surface extérieure.

débris fossiles servent à caractériser les différents sédiments qui se sont déposés pendant cette phase de l'histoire du globe.

Nous avons déjà dit que l'organisation de leur coquille les rapproche des Spirules actuellement vivantes. Quoiqu'on n'ait jamais trouvé l'empreinte des parties molles des Ammonites, on est donc amené à croire que leur corps devait avoir une forme analogue à celui de la Spirule (Voy. plus haut, fig. 18).

Les diverses cloisons des vraies Ammonites se rattachent à l'extérieur de la coquille par une suture encore bien plus contournée et persillée que chez les Goniatiles. On peut en juger par la coquille d'Ammonite fossile que représente la figure 39 et surtout par un morceau d'Ammonite (fig. 40) dont on a peint en noir l'extérieur de l'une des loges pour la détacher des deux loges voisines (Voy. aussi *n*, fig. 46).

Dans le trias, première période de l'époque secondaire, on trouve des Ammonites comme à la fin de l'époque primaire, ce qui montre déjà bien la continuité des deux époques primaire et secondaire, distinguées artificiellement par les géologues. Nous donnerons plus loin d'autres preuves de cette continuité. Mais, dans le trias, les formes les plus répandues sont des Ammonées qu'on appelle Céra-tiles (fig. 41), à sutures un peu plus compliquées que celle des Goniatiles, mais moins persillées que celles des Ammonites. Ce n'est qu'à partir de la période suivante ou jurassique, que les vraies Ammonites dominent dans les dépôts marins.

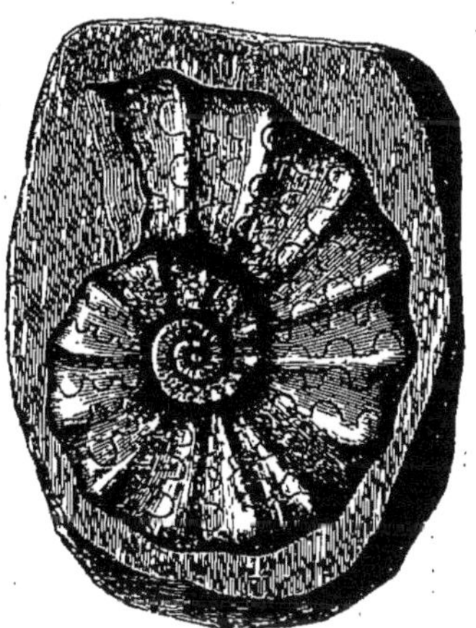

Fig. 41. — Cératite, Ammonée de la période triasique ; larg. : 0^m,12.

Après avoir dépassé leur maximum d'évolution, les Ammonées offrent dans le crétacé des formes moins enroulées, comme les Scaphites (fig. 42) ; certains types du même groupe, dans les terrains secondaires les plus récents, ne sont même que simplement arqués (1, fig. 43) ou deviennent tout à fait droits (2, fig. 44). En même temps, les lignes de suture des cloisons se simplifient (3, fig. 45) et sont de nouveau aussi peu contournées que celles des premières Ammonées de l'époque primaire.

On a donc, en examinant l'évolution générale de ce groupe important de Mollusques, un exemple frappant d'un progrès marqué à la fois dans la différenciation et dans l'extension du groupe, suivi d'une décadence indiquée par la simplification de la structure, la réduction dans le nombre des espèces, et enfin l'extinction totale du groupe qui sert à marquer la fin de l'époque secondaire.

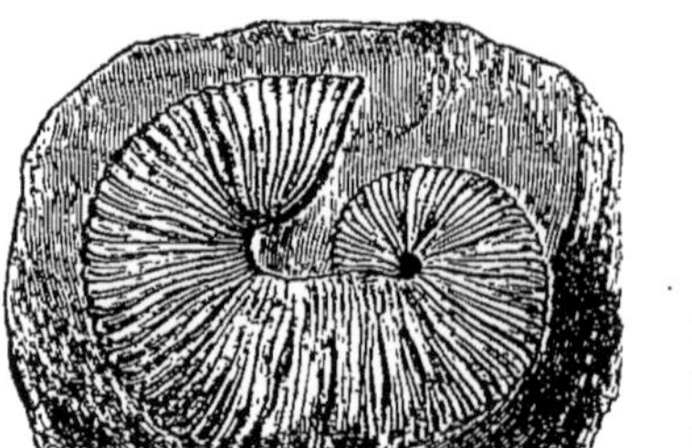

Fig. 42. — Scaphite, Ammonée fossile de la période crétacée (grandeur naturelle).

Remarquons à ce propos que les géologues, en étudiant d'abord seulement la succession des formes d'Ammonées dans l'Europe occidentale avaient reconnu des espèces très nettes d'Ammonites, caractérisant chaque couche et sans transitions entre elles; ils en avaient tiré un argument contre la continuité de ces formes. Mais les recherches faites plus récemment dans les contrées polaires, dans la région méditerranéenne, en Asie, ont révélé, en beaucoup de localités, les passages intermédiaires entre les espèces déjà connues. La notion des courants, qui ont si souvent déplacé les animaux marins et qui ont laissé la trace évidente de leur existence explique comment, au même lieu, on peut rencontrer dans deux couches successives des espèces qui peuvent ne pas provenir directement l'une de l'autre.

14. Développement d'une Ammonite.

— Si l'on étudie sur une Ammonite les cloisons qui se sont formées successivement à partir de la première loge, on voit que le développement de l'animal indique pour ainsi dire la filiation des Ammonées différentes dont nous avons parlé.

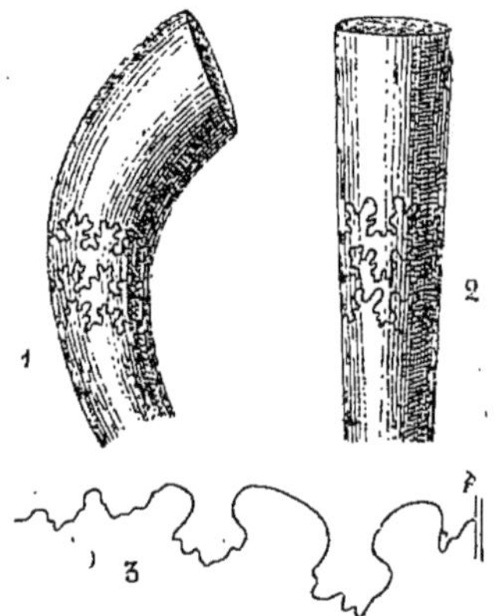

Fig. 43 à 45. — Ammonées du crétacé supérieur : 1, Toxocéras; 2, Baculites ; 3, une ligne de suture de Tissotia (d'après Gaudry).

En effet, les premières sutures des cloisons sont d'abord peu contournées, et à partir de la troisième loge les sutures sont analogues (*a*, *b*, *c*. fig. 46) à celles des Goniatites. A cet âge, l'Ammonite passe par la « phase Goniatite ». Les sutures deviennent ensuite plus compliquées (*d*, *e*, *h*, fig. 46),

l'Ammonite passe par la « phase Cératite ». Enfin, les cloisons formées plus tard sont de plus en plus persillées (*n*, fig. 46) et l'Ammonite adulte apparaît avec ses caractères spéciaux.

En suivant l'évolution d'un même animal, on retrouve donc des caractères de structure qui s'appliquent aux Ammonées adultes fossilisées successivement dans la suite des dépôts sédimentaires. C'est un nouvel exemple de correspondance entre le développement d'un être et l'évolution des formes d'êtres différents qui appartiennent au même groupe.

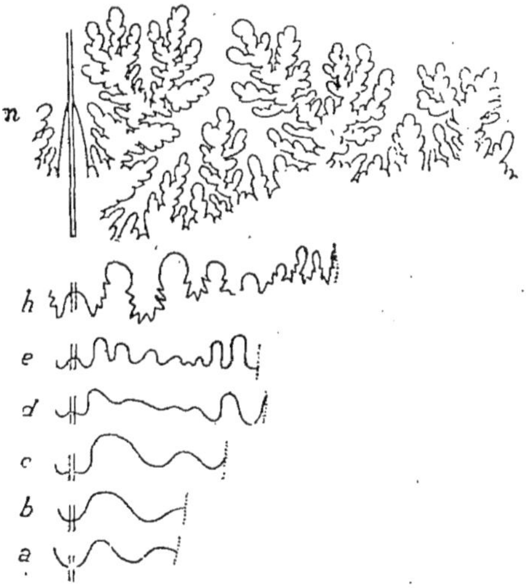

15. Les Bélemnites. — Les Bélemnites sont d'autres Céphalopodes dibranchiaux très nombreux à l'époque secondaire. Elles sont reliées aux Ammonées par des fossiles des terrains primaires appelés Bactridés, qui sont des sortes de Goniatites non enroulées.

Fig. 46 à 52. — Lignes successives de suture des diverses cloisons d'une même Ammonite pendant son développement: *a*, suture de la troisième cloison ; *b*, *c*, cloisons suivantes (phase Goniatite); *d*, *e*, *h*, cloisons suivantes (phase Cératite); *n*, cloison d'un ordre plus élevé (phase Ammonite). — Le double trait indique le siphon, la ligne pointillée indique la partie de la coquille qui lui est diamétralement opposée.

Tandis qu'on n'a pu encore retrouver l'empreinte des parties molles d'une Ammonite, on a observé plusieurs fois la trace complète du corps des Bélemnites donnant la forme que représente la figure 53. On a même découvert en 1889 une Bélemnite admirablement conservée, montrant les bras munis de ventouses, les deux gros yeux latéraux, les deux prolongements en forme de nageoires de chaque côté du corps, et l'exemplaire était en si parfait état qu'on a même pu décrire les muscles de l'animal et observer jusqu'aux détails des fibres qui les composent.

On ne rencontre le plus souvent à l'état fossile que les *rostres* des Bélemnites, sortes de pointes en forme de cigare (fig. 54). Tout le monde a vu la partie dure qu'on trouve à l'intérieur des Seiches et qui, vulgairement connue sous le nom de « biscuit de mer », est souvent mise dans les cages des oiseaux. Or, l'os de Seiche se termine par une petite pointe (P, fig. 56) qui correspond au rostre d'une Bélemnite. Mais on trouve quelquefois le rostre rattaché à un cône creux (a', fig. 55) appelé *phragmocône*, qui est formé d'une

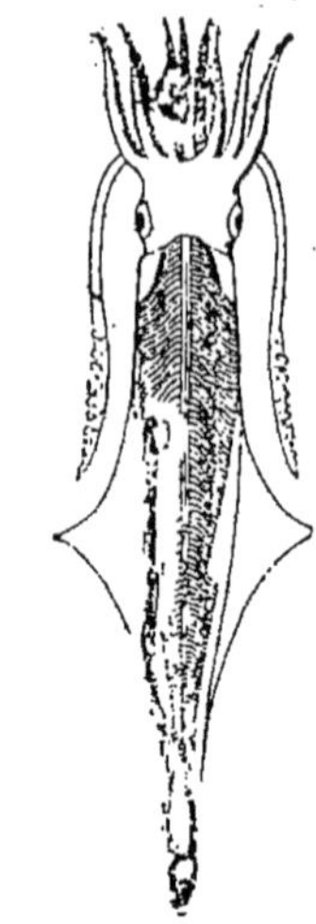

Fig. 53. — Bélemnite restaurée.

série de chambres séparées par des cloisons transversales et reliées entre elles par un siphon. Le phragmocône est prolongé du côté dorsal par une expansion cornée (a, fig. 55) appelée *plume*, et tout à fait comparable à la plume des Calmars qui vivent maintenant.

D'après les empreintes bien conservées et la comparaison avec les Céphalopodes actuels, on voit que les Bélemnites étaient carnivores, à cause des crochets rangés sur deux lignes le long des bras. On sait aussi qu'elles devaient avoir une natation rapide, comme l'indiquent la forme de leurs nageoires et leur phragmocône creux qui les soutenait sans doute comme une sorte de vessie natatoire. On a reconnu encore que ces animaux possédaient une poche à encre, comme la Seiche, pour se protéger contre leurs ennemis, car on a retrouvé une Bélemnite fossilisée dont la substance noire était en partie conservée.

Le groupe des Bélemnoïdes qui, nous l'avons vu, se relie à des formes primaires, présente son maximum d'extension dans le jurassique, décroît dans le crétacé et se relie, par des formes tertiaires à rostre de moins en moins grand, au groupe qui comprend les Seiches actuelles.

16. Autres invertébrés de l'époque secondaire. — Passons rapidement en revue les autres groupes d'Invertébrés de l'époque secondaire.

Les Insectes ont laissé de nombreuses empreintes dans diverses couches de terrains secondaires. On ne trouve plus les formes géantes de la période carbonifère, et la plupart des Insectes fossiles sont plus rapprochés des formes actuelles que ceux de l'époque primaire. Sauf les Hyménoptères, dont les empreintes sont douteuses, on peut dire que tous les ordres actuels d'Insectes étaient représentés par de nom-

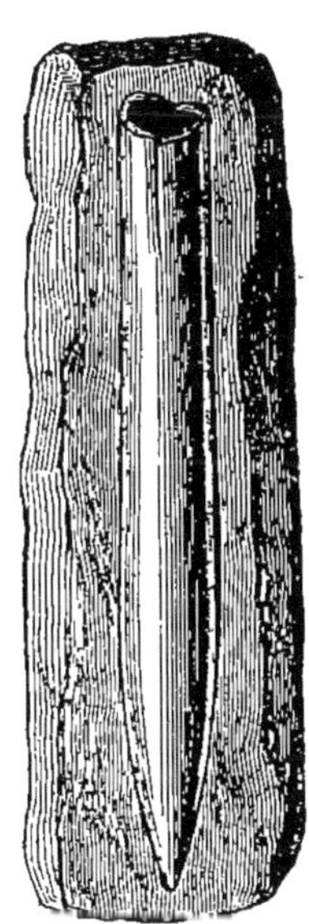

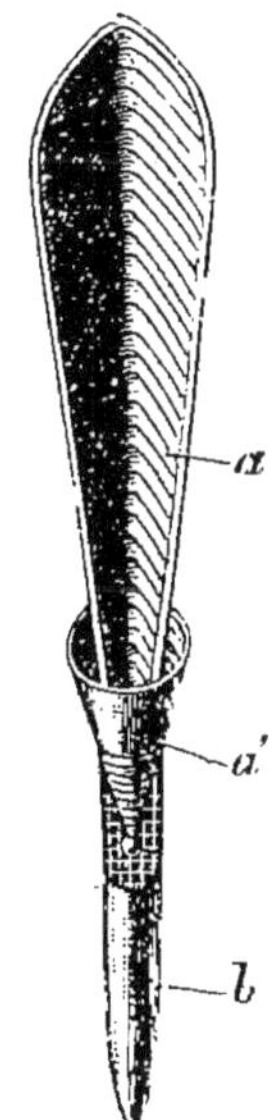

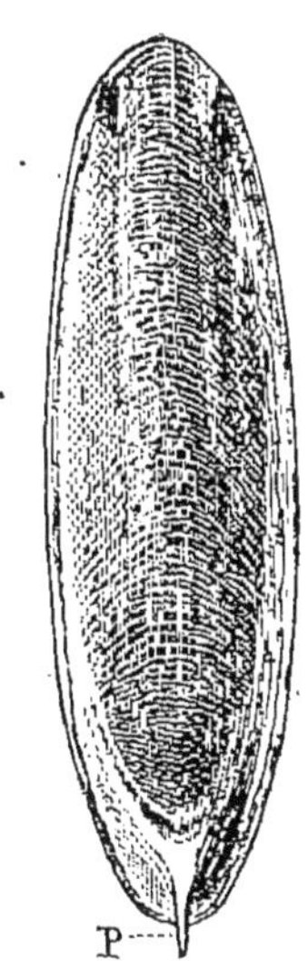

Fig 54.—Rostre de Bélemnite, telle qu'on la trouve ordinairement à l'état fossile (grand. natur.).

Fig. 55. — Coquille complète de Bélemnite : a, plume cornée : a', phragmocône; b, rostre calcaire.

Fig. 56. — Coquille de Seiche; p, pointe comparable au rostre des Bélemnites; long. : 0ᵐ,12.

breuses espèces à l'époque secondaire. On peut citer, entre autres, les beaux fossiles des schistes de Solenhofen qui présentent des espèces très variées, par exemple des Névroptères très voisins des Libellules qui vivent aujourd'hui; telle est la Pétalie (fig. 57).

Les Crustacés ont continué aussi à présenter des formes très diverses qui ont remplacé les Trilobites et les grands Crustacés du Primaire. Les Décapodes (type actuel : Homard, Écrevisse), dont on a déjà trouvé des fossiles dans la période carbonifère, sont représentés par beaucoup d'espèces. On peut citer l'Eryma (fig. 58), remarquable par sa ressemblance avec l'Écrevisse. Un genre voisin (Calianassa), dont on trouve l'empreinte fossile dans les couches jurassiques, existe encore actuellement et renferme plusieurs espèces vivantes.

Les Brachiopodes sont encore nombreux dans les premières couches secondaires et offrent des transitions avec les Brachiopodes primaires, mais ce groupe diminue progressivement pendant l'époque secondaire.

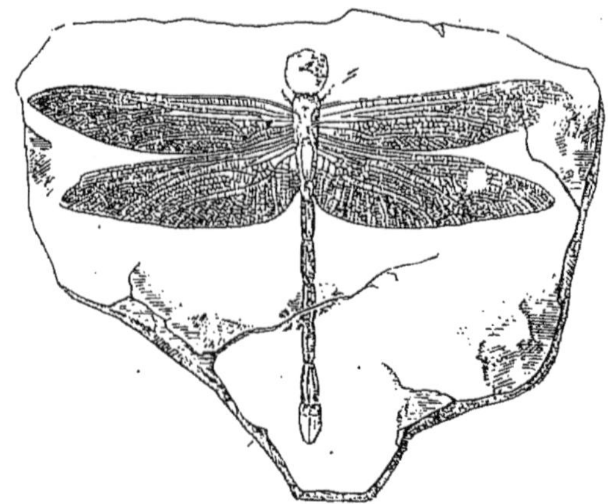

Fig. 57. — Pétalie (*Petalia longialata*), Insecte de la période jurassique (2/3 de grandeur naturelle).

Au contraire, les Mollusques à deux valves (Acéphales) et les Mollusques Gastéropodes sont de plus en plus abondants à mesure qu'on s'élève dans les terrains secondaires. On peut signaler, parmi les nombreux genres de Gastéropodes secondaires, le genre Pleurotomaire (fig. 59), dont la coquille est aussi différenciée que celle des espèces actuellement vivantes du même genre. Au milieu des quantités de formes d'Acéphales secondaires, contentons-nous de mentionner les Gryphées (fig. 60), sortes d'huîtres à deux coquilles très inégales qui pullulaient dans les mers du jurassique inférieur ; les Rudistes (fig. 61 et 62) sont aussi des Acéphales, dont une valve est conique et l'autre aplatie ; ils abondent dans le crétacé du Midi de la France.

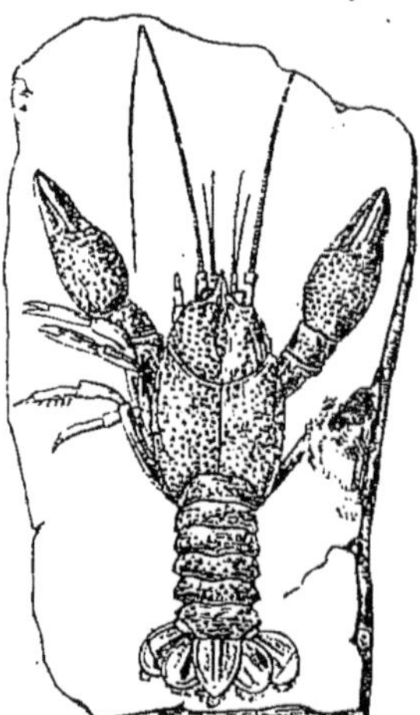

Fig. 58. — Eryma, Crustacé de la période jurassique (1/2 grandeur naturelle).

Nous n'avons pas parlé, à propos de l'époque primaire, des fossiles qui se rapportent aux groupes les plus inférieurs du règne animal : les Rayonnés et les Protozoaires.

On les trouve cependant en grand nombre dans les couches des terrains primaires, et ces groupes continuent leur évolution à l'époque secon-

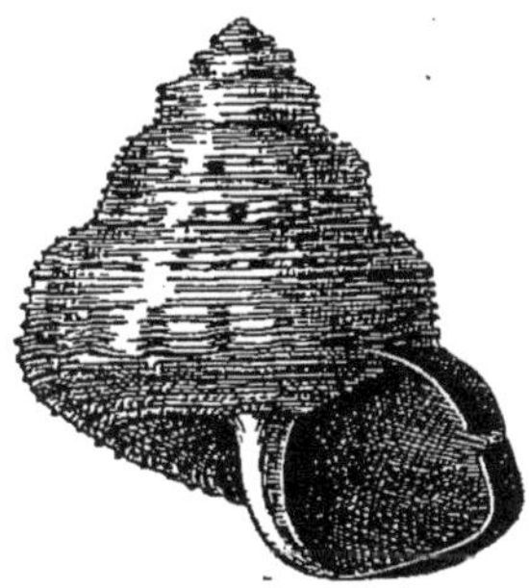

Fig. 59. — Pleurotomaire (*Pleurotomaria anglica*), Mollusque Gastéropode de la période jurassique (2/3 de grand. natur.).

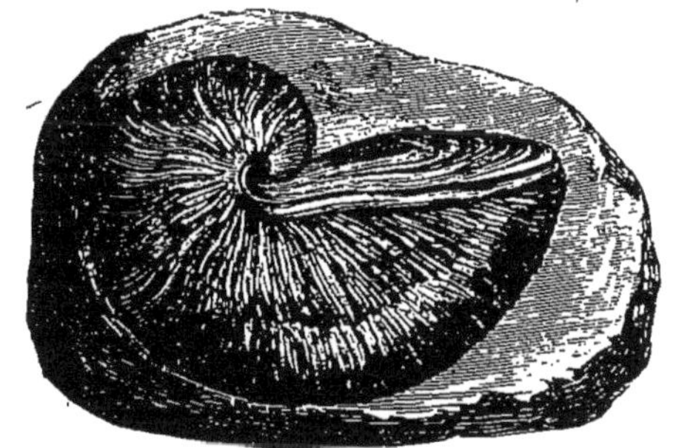

Fig. 60. — Gryphée (*Gryphæa arcuata*), Mollusque Acéphale de la période jurassique; long.: 0ᵐ,08.

daire. Parmi les Rayonnés secondaires, on peut signaler les Micraster (fig. 63; comparez à la figure 64), Échinodermes qui portaient des

Fig. 61. — Hippurite (*Hippurites radiosus*), Mollusque Acéphale du groupe des Rudistes (période crétacée); long. : 0ᵐ,15.

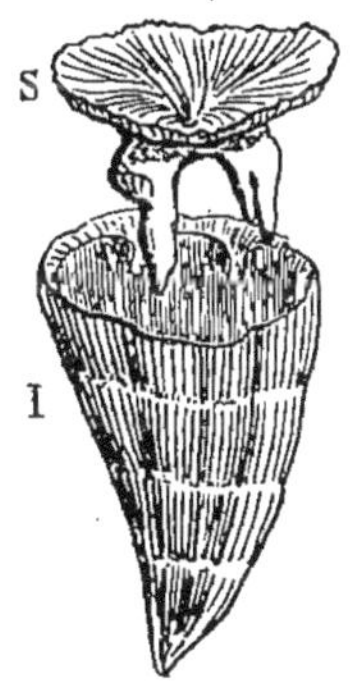

Fig. 62. — Hippurite dont on a séparé les deux valves S et I.

piquants comme les Oursins actuels, ainsi que des Méduses tout à fait comparables à celles qui foisonnent aujourd'hui dans les mers et qui ont laissé parfois l'empreinte parfaitement reconnaissable de leur corps mou et gélatineux dans les schistes jurassiques. Parmi les Protozoaires, il faut surtout mentionner les innombrables carapaces de Rhizopodes

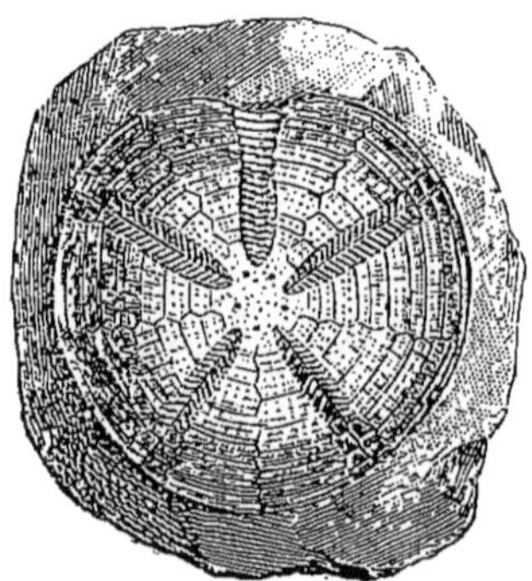

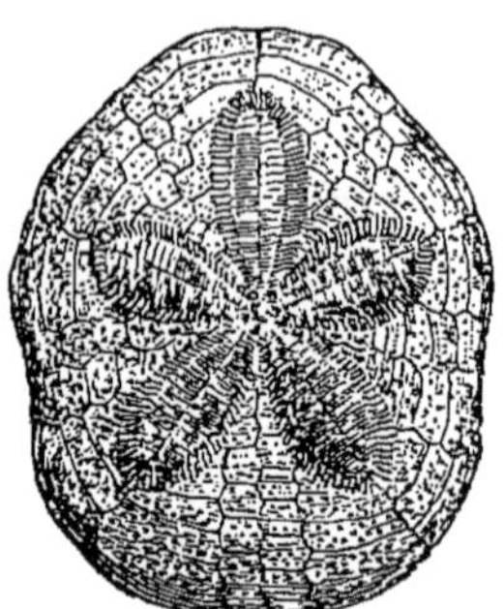

Fig. 63. — Micraster (*Micraster Cor tes-
tudinarium*), Echinoderme fossile de
la période crétacée (2/3 de grandeur
naturelle).

Fig. 64. — Carapace d'Echinoderme actuel dépouillée de ses
piquants, comparable au Micraster (1/2 grandeur naturelle).

et de Foraminifères dont les débris accumulés constituent la majeure
partie de la craie.

17. Les poissons de l'époque secondaire. — Si l'on considère l'ensemble des Poissons fossiles des terrains secondaires, on
voit que le nombre des espèces hétérocerques va en diminuant,
tandis qu'on rencontre de plus en plus des espèces homocerques,
c'est-à-dire celles dont la
queue est divisée en deux
parties égales, comme la
plupart des Poissons ac-
tuels. Tel est le Lepto-
lepis de la période jurassique (fig. 65), dont les
empreintes ont été très
bien conservées par la
fossilisation. Un fait inté-

Fig. 65. — Leptolepis, Poisson de la période
jurassique (1/2 grandeur naturelle).

ressant à noter, comme nouvel exemple de persistance d'une même
forme à travers les périodes géologiques, est la présence d'une
espèce de Poisson appelée Cératodus, dont on a trouvé les traces
fossiles caractéristiques en Allemagne, dans les couches triasiques,
c'est-à-dire à la base des terrains secondaires et qui vit encore dans
les rivières de l'Australie. C'est un Poisson qui peut avoir près de

deux mètres de longueur, couvert de larges écailles, au corps allongé, à la queue en pointe, et appelé Barramunda par les indigènes.

18. Les Reptiles de l'époque secondaire. — L'époque secondaire, au point de vue paléontologique, est surtout remarquable par le maximum d'évolution des Reptiles, qui présentent les formes les plus variées, adaptées non seulement à la vie aquatique, mais à la vie marine, comme les Cétacés actuels parmi les Mammifères, au vol comme les Chauves-Souris d'aujourd'hui, ou à la vie terrestre. Et plusieurs espèces atteignirent alors des dimensions colossales qu'on ne retrouve chez aucun Reptile vivant.

19. Divers Reptiles des terrains secondaires. — A la base des formations secondaires, correspondant à la période triasique, ce sont d'abord des animaux qui tiennent à la fois des Batraciens et des Reptiles.

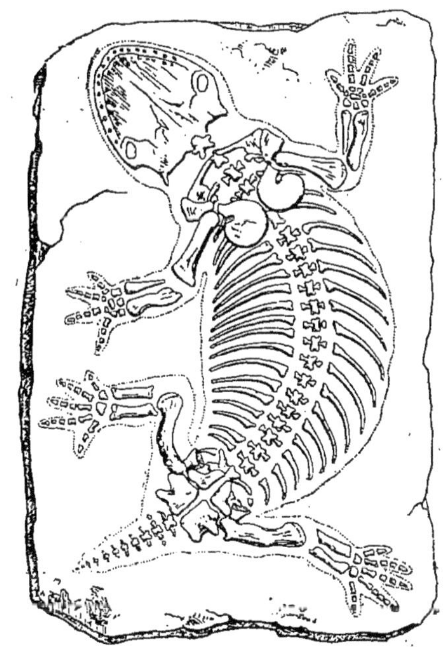

Fig. 66. — Labyrinthodon, Batracien de la période triasique ; longueur : 0ᵐ,50 à 3ᵐ,25.

Les plus importantes de ces formes appartiennent au groupe des Labyrinthodons, ainsi nommés à cause des singuliers contournements que présente l'ivoire de leurs dents. Les Labyrinthodons (fig. 66) avaient le crâne complètement ossifié et recouvert d'un émail brillant, les côtes bien développées et les doigts palmés. On trouve d'ailleurs souvent l'empreinte de leurs pas fossilisée dans les couches du trias (fig. 67). Ces animaux pouvaient atteindre jusqu'à 3 mètres de longueur.

Mais c'est surtout pendant la période jurassique que les Reptiles ont évolué de façon à acquérir les structures les plus remarquables. Parmi ceux adaptés à la vie marine, mentionnons d'abord les

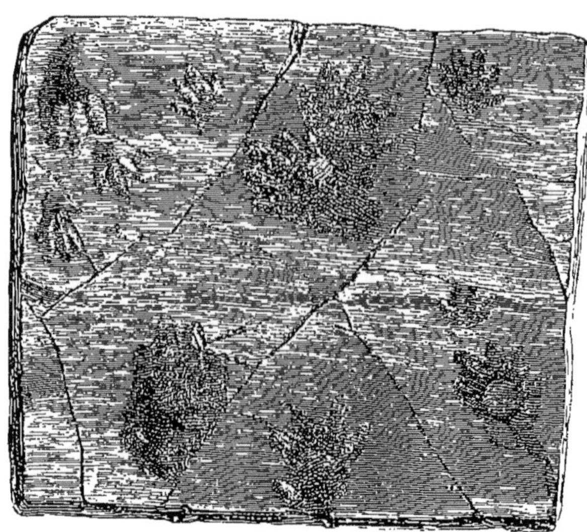

Fig. 67. — Empreintes de pas de Labyrinthodon sur un grès triasique (1/10ᵉ de grandeur naturelle).

Ichthyosaures, dont les fossiles sont très nombreux. Si l'on compare un squelette d'Ichthyosaure à un squelette de Dauphin actuel (fig. 68

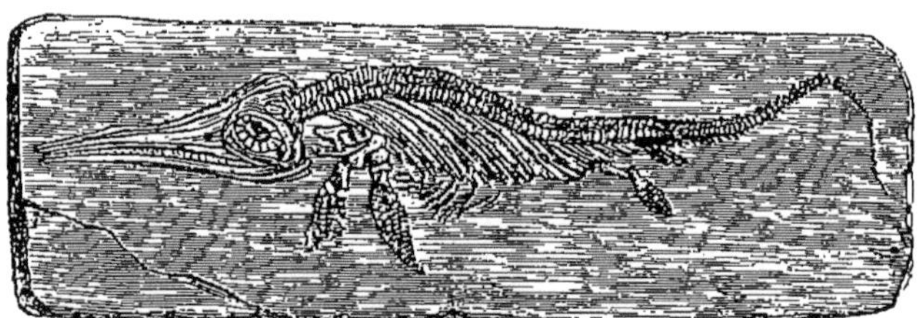

Fig. 68. — Ichthyosaure, Reptile marin de la période jurassique; long. : 8 mètres.

et 69) on est frappé de la ressemblance générale que l'adaptation produit chez le Reptile jurassique, d'une part, et chez le Mammifère de l'autre. L'allongement du crâne, le cou réduit, le grand nombre des vertèbres, la transformation des membres en nageoires se retrouvent d'une manière évidente chez les deux animaux.

Mais revenons aux particularités que présente l'Ichthyosaure, dont les individus les plus grands avaient jusqu'à 8 mètres de longueur. D'abord les yeux sont remarquables par un cercle de pièces

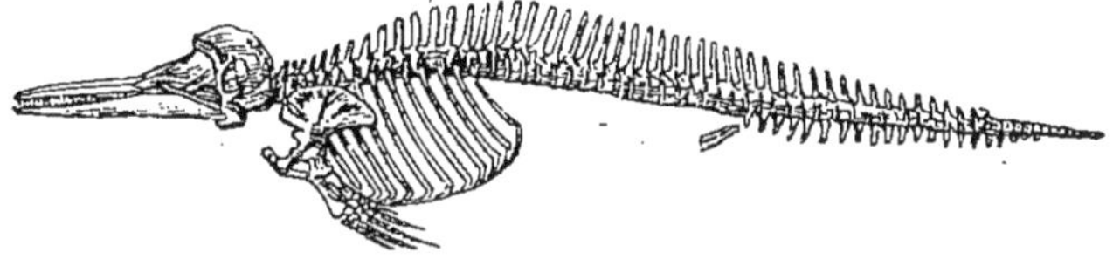

Fig. 69. — Squelette de Dauphin, *Mammifère* marin actuel, comparable par sa forme au squelette de l'Ichthyosaure, *Reptile* marin fossile; long.: 3 mètres.

osseuses renforçant la sclérotique et qui servaient à comprimer plus ou moins l'œil de manière à varier la distance de la vision, disposition qu'on retrouve encore aujourd'hui, quoique moins marquée, chez les Lézards et les Tortues. Si l'on examine les membres anté-

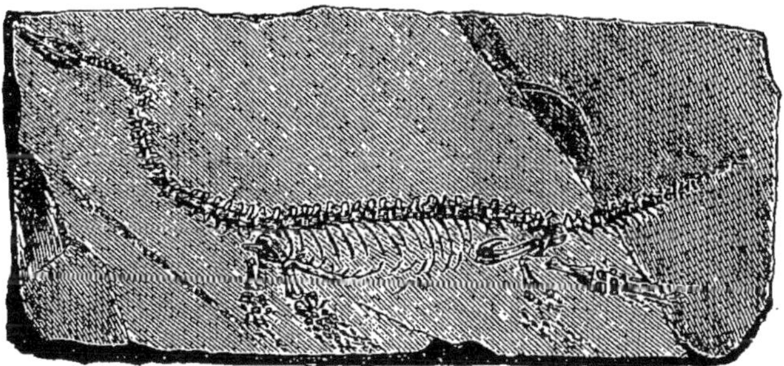

Fig. 70. — Plésiosaure, Reptile marin de la période jurassique; long. : 3ᵐ,50.

rieurs, on constate que l'humérus, le radius et le cubitus sont courts et larges, puis l'avant-bras se prolonge par une suite de nombreux petits os disposés en séries, qui correspondent aux os des doigts, soudés de façon à former ensemble une palette favorable à la natation (fig. 68). Les membres postérieurs ont la même conformation, mais ils sont plus petits. Certains fossiles bien conservés d'Ichthyosaures ont montré une masse de couleur foncée, à la place qu'occupait l'estomac, au milieu de laquelle on distinguait des débris d'Ammonites et de Crustacés, ce qui indique nettement que les Ichthyosaures étaient carnivores.

Les Plésiosaures (fig. 70) sont encore des Reptiles marins qui diffèrent des Ichthyosaures par leur cou très allongé à 33 vertèbres (le cygne n'en a que 23) et par leurs membres postérieurs, aussi grands que leurs membres antérieurs.

Fig. 71. — Ptérodactyle, Reptile volant fossile de l'époque secondaire ; (1/4 de grandeur naturelle).

Entre autres Reptiles volants, signalons les Ptérodactyles (fig. 71 et 72), dont les ailes rappellent celles des Chauves-Souris parmi les Mammifères actuels. L'adaptation est très marquée : la tête ressemble tout à fait à celle d'un Oiseau et n'a de dents qu'à la partie antérieure des mâchoires ; les ailes sont soutenues par un seul doigt démesurément allongé qui correspond au petit doigt de l'homme ; les os sont creusés de cavités aérifères comme les os des Oiseaux, et l'aile a la même forme que celle des Oiseaux bons voliers. Les Ptérodactyles, contrairement à ce qu'avaient pensé d'abord les géologues, devaient donc être particulièrement développés pour le vol. Ces animaux sont

Fig. 72. — Ptérodactyle restauré.

de faible taille : le plus petit a la grandeur d'un Pinson : le plus grand, celle d'une Corneille.

Choisissons maintenant plusieurs types intéressants parmi les Reptiles secondaires qui étaient adaptés à la marche.

Un Reptile curieux de cette époque est le Camptonodus dont les doigts étaient munis de griffes rétractiles comme ceux du Chat, et qui devait être, par conséquent, un Reptile carnivore terrestre. Une remarque peut être faite au sujet des pattes de cet animal, qui offrent un singulier rapprochement avec celles des Oiseaux.

On retrouve en effet, chez ce Reptile, la même disposition des os de la patte que celle qu'on observe chez un embryon de poulet en voie de développement dans

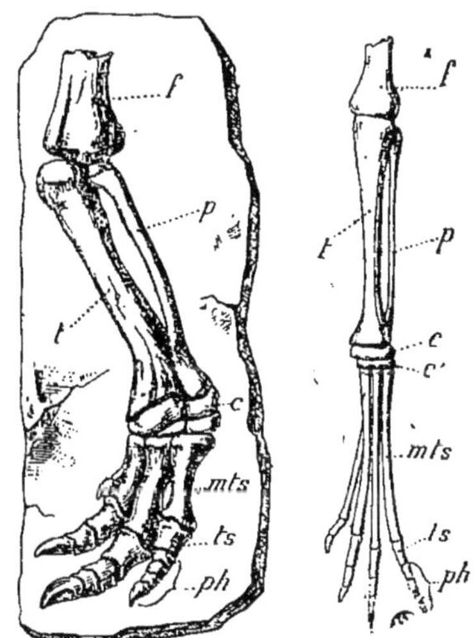

Fig. 73 et 74. — Comparaison d'une patte de Camptonodus (Reptile de la période jurassique) et de la patte d'un embryon de Poulet actuel (figuré à droite). Lettres communes aux deux figures : *f*, fémur ; *p*, péroné ; *t*, tibia ; *c*, *c'*, os du tarse ; *mts*, métatarsiens ; *ph*, phalanges.

l'œuf (fig. 73 et 74). Le Camptonodus représente donc, à cet égard, l'état adulte d'une structure qui ne se trouve réalisée que pendant le développement, chez les Oiseaux. Ou si l'on veut, l'évolu on d'un

Oiseau actuel passe par une phase reptile, au point de vue de la conformation des membres. Cette phase est suivie de modifications qui changent beaucoup la constitution des os chez l'Oiseau adulte. Le Camptonodus n'avait guère que la taille d'un Chat, mais un Rep-

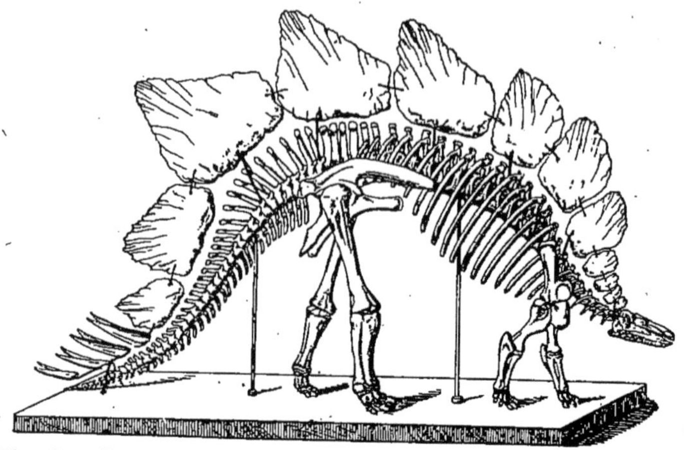

Fig. 75. — Stégosaure, Reptile de la période jurassique ; long. : 10 mètres.

tile voisin, l'Atlantosaure, trouvé dans les couches jurassiques du Colorado, devait avoir, suppose-t-on, jusqu'à 36 mètres de longueur ; ce serait le plus grand de tous les animaux connus, fossiles ou vivants.

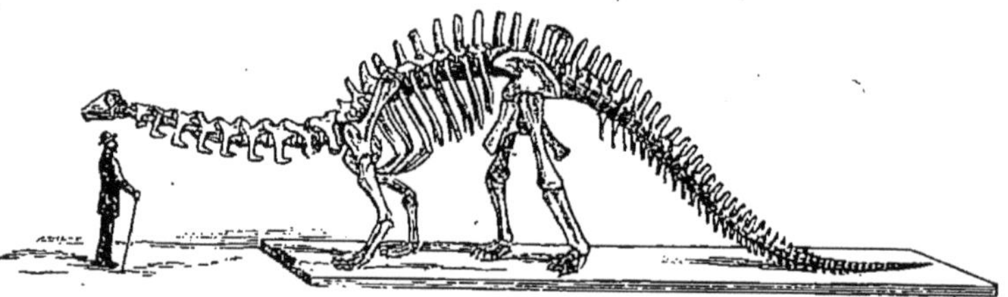

Fig. 76. — Brontosaure, Reptile de la période jurassique ; long. : 16 mètres.

Les Reptiles adaptés au régime herbivore étaient également nombreux à l'époque jurassique. Les plus remarquables sont des espèces géantes, le Stégosaure (fig. 75) qui avait 10 mètres de longueur et le Brontosaure (fig. 76) dont la longueur dépassait 16 mètres. Ces animaux avaient une tête très petite par rapport à la grandeur de leur corps, et le moulage de l'empreinte du cerveau indique des centres nerveux peu développés. Ainsi, proportionnellement à la taille de l'animal, le Brontosaure avait un cerveau dont le volume était cent fois plus petit que celui d'un Crocodile actuel. Le Stégosaure est remarquable par les énormes pièces osseuses qu'il porte tout le long du dos et par l'inégalité de ses membres, ce qui fait supposer que dans sa situation naturelle, il devait se tenir sur ses deux pattes postérieures.

A l'époque crétacée, les Reptiles, quoique en décroissance, présentent cependant des types très dignes d'attention et quelques espèces de grande taille. Les Ichthyosauriens et les Plésiosauriens sont encore représentés. On peut en rapprocher des Reptiles serpentiformes, comme le Clidaste (fig. 77) dont les membres rappellent ceux du Plésiosaure et dont le corps devait atteindre presque 30 mètres de longueur.

Les Ignanodons (fig. 78), dont on a trouvé de nombreux squelettes entiers dans les couches inférieures du crétacé, en Angleterre et près de Tournai, en Belgique, étaient encore de gigantesques Reptiles herbivores, comme l'indique la structure de leurs dents. La queue était très développée et les membres postérieurs, bien plus forts que les antérieurs, indiquent une station verticale. D'ailleurs leur marche comme bipède est nettement marquée par l'empreinte fossile de leurs pas (fig. 79).

Enfin, parmi les Reptiles marins, il faut citer, dans le crétacé, le Mosasaure qui pouvait atteindre 15 mètres de longueur et dont les membres étaient adaptés à la natation. Une tête de Mosasaure, ayant 1^m,30, existe au Muséum de Paris ; elle a été rapportée par les troupes françaises, en 1795, après la prise de Maëstricht.

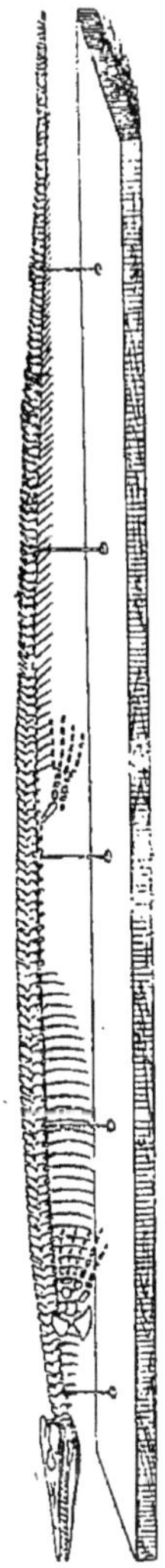

20. Oiseaux de l'époque secondaire. — Les Oiseaux fossiles des terrains secondaires sont remarquables par certains de leurs

Fig. 77. — Clidaste, Reptile de la période crétacée ; long. : 30 mètres.

caractères qui les rapprochent des Reptiles et, en particulier, par la
présence de dents à leurs deux mâchoires.

Le plus ancien oiseau connu est l'Archéoptéryx du jurassique
(fig. 80), dont la queue formée de 10 vertèbres allongées, portait

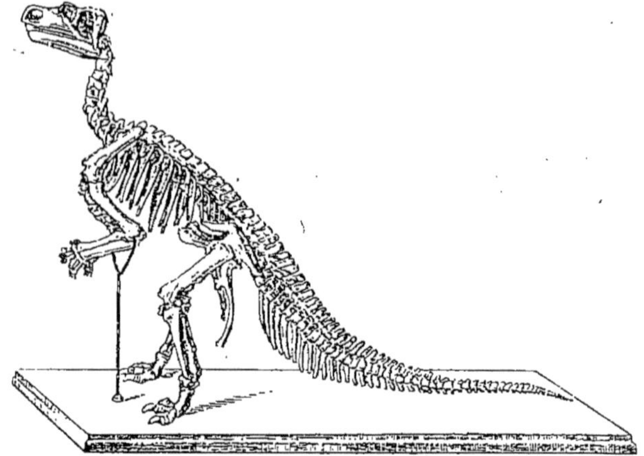

Fig. 78. — Iguanodon, Reptile de la période crétacée ;
longueur totale : 8 mètres.

des plumes de chaque côté, tandis que chez les Oiseaux actuels, la
queue se compose d'un petit nombre de vertèbres raccourcies portant
un éventail de plumes. Au lieu d'un seul doigt développé, l'Archéop-

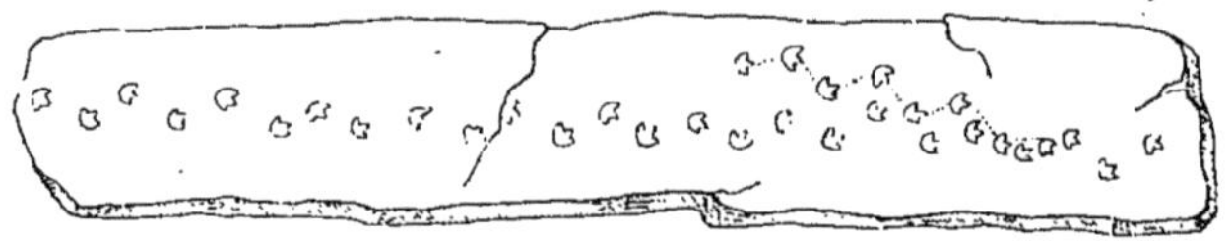

Fig. 79. — Empreintes de pas d'Iguanodon sur une roche crétacée
(taille très réduite).

téryx avait trois doigts munis de griffes, dont un seul portait les
plumes des ailes.

D'autres Oiseaux, tels que l'Ichthyornis (fig. 81) et l'Hesperornis
viennent des terrains crétacés. Leurs dents étaient dirigées en arrière,
et l'on a reconnu chez l'Hesperornis les dents de remplacement
conservées au-dessous des dents développées (fig. 82).

21. — Mammifères de l'époque secondaire. — On a trouvé des débris de Mammifères depuis le trias jusqu'au crétacé dans la série des terrains secondaires. La plupart de ces fossiles se rapportent à des Marsupiaux, c'est-à-dire au grand groupe d'animaux

Fig. 8o. — Archéoptéryx, Oiseau fossile de la période jurassique; (1/5ᵉ de grandeur naturelle).

qui comprend les Sarigues d'Amérique et tous les Mammifères actuels d'Australie (Kanguroos, etc.).

On peut mentionner, par exemple, le Phascolothérium, dont la mâchoire et les dents (fig. 83) offrent des caractères voisins de ceux que présente le Myrmécobie (Marsupial vivant d'Australie, fig. 84).

Cependant certains de ces animaux, qui étaient en général tous de très petite taille (comme le rat ou la souris) paraissent se rapprocher des Mammifères proprement dits et ménagent les transitions entre les Mammifères secondaires et ceux de l'époque tertiaire. La plupart, d'après la forme de leurs dents, devaient être adaptés au régime insectivore.

Fig. 81. — Ichthyornis, Oiseau fossile de la période crétacée (1/4 de grandeur naturelle).

Fig. 82. — Une dent d'Hesperornis (Oiseau de la période crétacée), montrant, au-dessous, la dent de remplacement.

Remarquons encore que certains Reptiles du trias, comme les

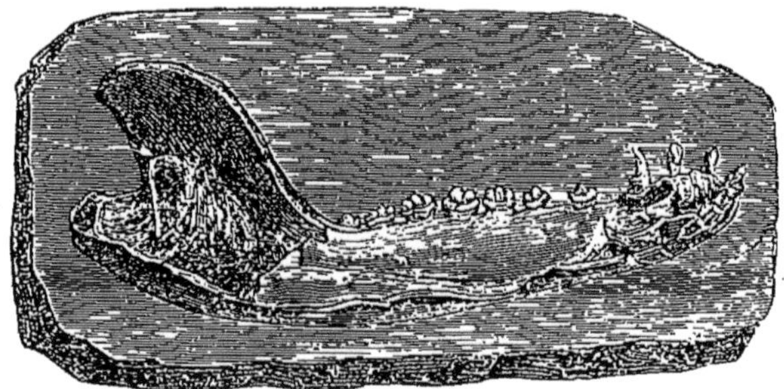

Fig. 83. — Mâchoire de Phascolothérium, Marsupial fossile de la période jurassique (double de grandeur naturelle).

Thériodontes, ont des caractères très voisins de ceux des Marsupiaux.

22. Coup d'œil sur la faune secondaire. — La faune secondaire est remarquable par le maximum d'évolution et d'extension de deux

Fig. 84. — Myrmécobie, Marsupial actuel d'Australie, comparable au Phascolothérium (1/5ᵉ de grandeur naturelle).

grands groupes : les Céphalopodes dibranchiaux (Ammonites et Bélemnites) parmi les Invertébrés, les Reptiles parmi les Vertébrés.

D'une part, la série continue de Céphalopodes qui part des Goniatites primaires pour aboutir aux vraies Ammonites, d'autre part, les transitions qui s'établissent entre les Poissons ganoïdes primaires, les Batraciens primaires et les Reptiles secondaires, font voir la continuité de l'évolution entre l'époque appelée, par convention, primaire et celle appelée secondaire.

Enfin, dans les temps secondaires, il existait des Oiseaux dont beaucoup de caractères rappellent ceux des Reptiles, et des Mammifères Marsupiaux qui offrent aussi les transitions avec les Reptiles dans la période triasique. Certains de ces Mammifères des dépôts crétacés pourraient même appartenir au groupe des Mammifères proprement dits et préparer le passage vers ceux de l'époque tertiaire.

On a fait d'importantes remarques sur le retard de l'évolution des formes en certaines régions, pendant les âges géologiques. C'est ainsi que les terrains triasiques du Tyrol offrent une faune renfermant des fossiles de forme primaire, comme les Orthocères en même temps que des Ammonites et des Bélemnites. Un autre exemple pourrait nous être fourni par l'Australie actuelle, où l'on ne trouve que des Marsupiaux et des formes animales ressemblant aux fossiles crétacés. On pourrait presque dire que la faune de l'Australie d'aujourd'hui est comme une partie de celle de la période crétacée, restée à l'état vivant.

RÉSUMÉ

Ammonites et Bélemnites. — Les Ammonites et les Bélemnites sont des *Mollusques Céphalopodes marins* qui caractérisent les terrains de l'époque secondaire.

Organisation des Ammonites. { Mollusques Céphalopodes marins à coquille enroulée divisée en loges qui sont séparées les unes des autres par des cloisons très contournées, à siphon sur le bord interne.

Organisation des Belemnites. { Mollusques Céphalopodes marins dont on ne retrouve le plus souvent que la pointe de la coquille (correspondant à la pointe de la coquille de la Seiche actuelle). Parfois on trouve le phragmocône qui surmontait la pointe, et la plume cornée qui surmontait le phragmocône.

Principaux animaux de l'époque secondaire. — On peut résumer dans le tableau suivant les principaux fossiles de l'époque secondaire.

Invertébrés.

- Rayonnés. { Méduses (analogues aux Méduses actuelles). — Micraster (analogues aux Oursins actuels).

- Mollusques. { Ammonites, Bélemnites, Cératites, Scaphites. — Gryphées (voisines des Huîtres actuelles). — Rudistes (Mollusques à deux valves très inégales), etc.

- Articulés. { *Crustacés :* Éryma (voisin des Écrevisses actuelles). *Insectes :* Pétalie (analogues aux Libellules actuelles).

Vertébrés...

- Poissons. { Poissons hétérocerques et *homocerques*, ces derniers à deux lobes de la queue égaux.

- Batraciens : Labyrinthodon.

- Reptiles. (*Maximum de développement à l'époque secondaire.*)
  - *Marins.* { Ichthyosaure (à cou très court). — Plésiosaure (à cou très long).
  - *Volants.* { Ptérodactyle (ailes analogues à celles des Chauve-Souris).
  - *Terrestres.* { Stégosaure (10ᵐ). — Brontosaure (16ᵐ). — Iguanodon (8ᵐ). — Atlantosaure (36ᵐ), etc.

- Oiseaux. { Oiseaux munis de dents : Archéoptéryx (à colonne vertébrale prolongée dans la queue). — Ichthyornis. — Hesperornis, etc.

- Mammifères. { Mammifères Marsupiaux de petite taille : Phascolothérium, etc.

CHAPITRE III

LES ANIMAUX DES ÉPOQUES TERTIAIRE ET QUATERNAIRE

23. Les invertébrés tertiaires et quaternaires. —
Avec l'époque tertiaire, on voit se restreindre assez brusquement
l'extension des Céphalopodes dibranchiaux et disparaître les vraies
Ammonites et Bélemnites. En revanche, les Mollusques Gastéropodes,
tels que les Cérithes (fig. 85 et 86), parmi les Gastéropodes marins,

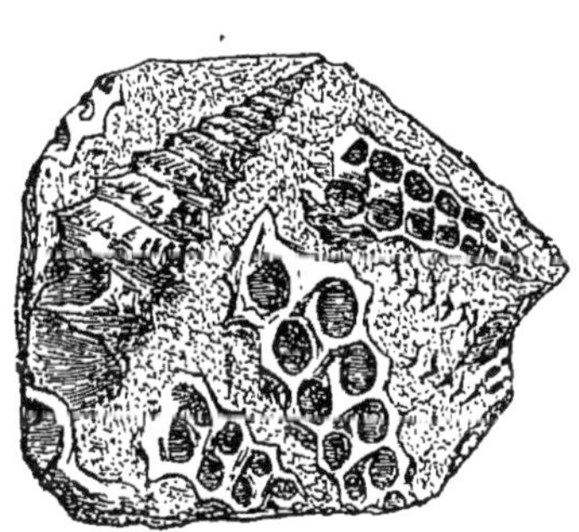

Fig. 85. — Cérithes, Mollusques Gastéropodes fossiles de l'époque tertiaire
(grandeur naturelle).

Fig. 86. — Cérithe actuel, comparable aux Cérithes fossiles (grandeur naturelle).

ou les Lymnées (fig. 87 et 88), parmi les Gastéropodes d'eau douce,
dont les principales formes étaient déjà développées dans le crétacé,
deviennent très abondants. Il en est de même des Acéphales (Huîtres,
Peignes, Moules, etc.), qui se rapprochent de plus en plus des
espèces actuellement vivantes à mesure qu'on avance dans l'époque
tertiaire. Plusieurs de ces coquilles sont tellement bien fossilisées
qu'elles ont, en partie, conservé leurs couleurs.

Beaucoup de ces Mollusques sont mêmes identiques aux espèces actuelles et l'on voit la proportion des formes aujourd'hui vivantes augmenter dans les dépôts tertiaires lorsqu'on les étudie de la base

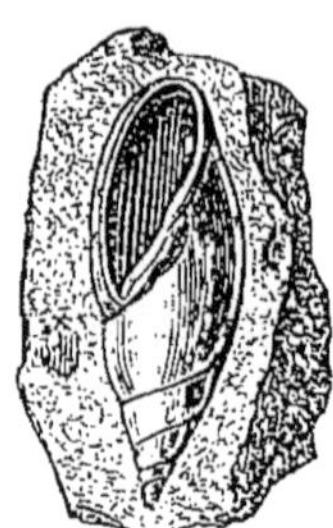

Fig. 87. — Lymnée fossile, Mollusque Gastéropode, de l'époque tertiaire (grandeur naturelle).

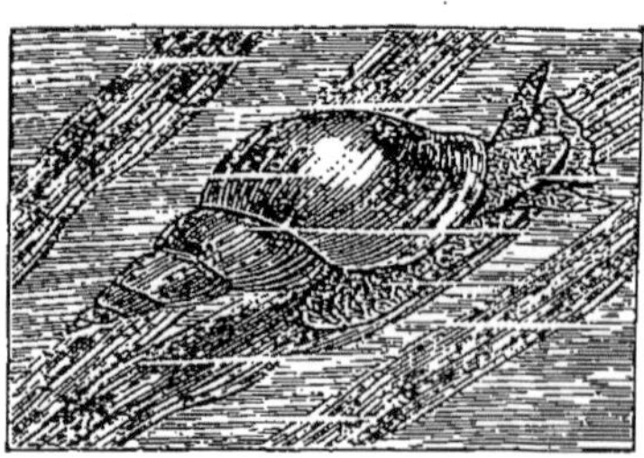

Fig. 88. — Lymnée actuelle comparable à la Lymnée fossile de la figure 87 (grandeur naturelle).

au sommet. C'est ainsi qu'il y a 3 p. 100 de coquilles correspondant à des espèces vivantes dans l'éocène, 19 p. 100 dans le miocène et 52 p. 100 dans le pliocène. Enfin dans les terrains quaternaires, lorsqu'on trouve des coquilles, elles se rapportent presque toutes à des espèces actuelles.

Les Articulés fossiles des terrains tertiaires ressemblent encore plus aux articulés d'aujourd'hui que ceux de l'époque secondaire. L'un des gisements les plus importants de ces fossiles est un dépôt de résine fossile ou succin qui forme l'ambre jaune, en Prusse, aux environs de Kœnisberg, dans les terrains miocènes. Cette résine a été produite par des forêts de pins qui couvraient alors la presqu'île scandinave et la Finlande ; la résine emportée par les cours d'eau, jusque dans la mer, s'est trouvée retenue dans les dépôts marins et s'est peu à peu transformée en ambre jaune. Des Insectes, des

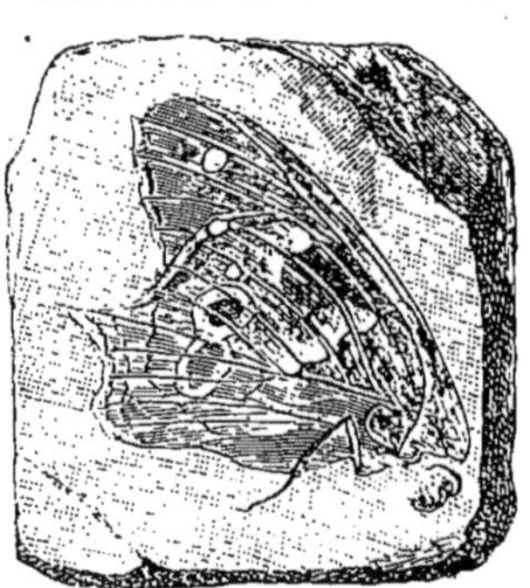

Fig. 89. — Papillon fossile, Insecte de l'époque tertiaire (grandeur naturelle).

Arachnides, des Myriapodes, ont été englués par la résine et se sont admirablement conservés à l'abri du contact de l'air. Les figures 89,

90 et 91 donnent une idée de ces Articulés fossiles de l'époque tertiaire.

Les Rayonnés (Oursins, Étoiles de mer, etc.) ont aussi des formes plus voisines des espèces actuelles. Mais, parmi les Protozoaires, il faut citer une forme fossile très abondante dans les couches ter-

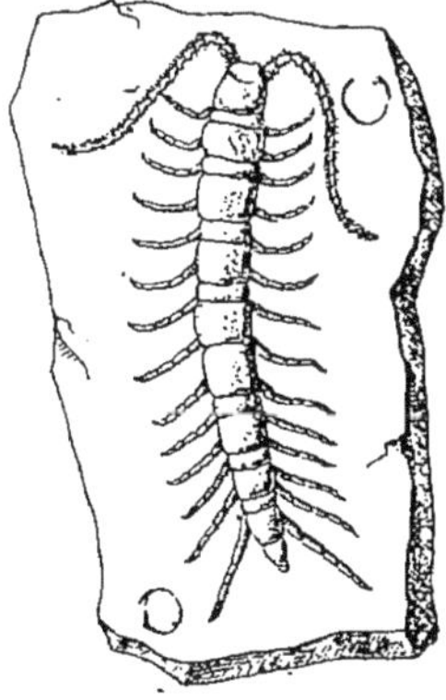

Fig. 90. — Myriapode de la période miocène (*Lithobius*), fossilisé dans l'ambre jaune.

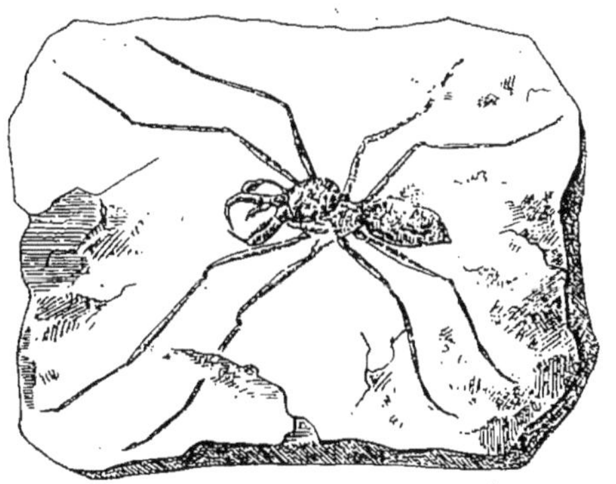

Fig. 91. — Arachnide de la période miocène (*Archæa*), fossilisé dans l'ambre jaune.

tiaires, c'est la forme Nummulite. Les Nummulites étaient, pour ainsi dire, des Foraminifères géants. En effet, la plupart des Foraminifères sont des animaux microscopiques, tandis que les Nummulites, qui se présentent sous la forme de lentilles ou de pièces de monnaie, pouvaient avoir plusieurs centimètres de diamètre. Certaines d'entre elles atteignent même jusqu'à 6 centimètres de largeur. La carapace des Nummulites est percée de nombreux petits pores par où l'animal pouvait faire passer de larges filaments protoplasmiques (*pseudopodes*) qui lui servaient à recueillir sa nourriture, comme le font les Foraminifères actuels (fig. 94).

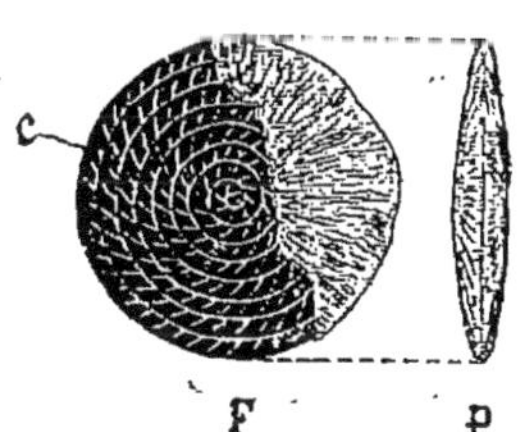

Fig. 92 et 93. — Carapace de Nummulite ; F, vue de face ; P, vue de profil ; C, loges (grandeur naturelle).

La figure 92 montre une carapace de Nummulite dont on a coupé une partie pour montrer les loges successives disposées en spirale.

Les nombreuses cloisons qui séparent les loges laissent une fente en leur milieu qui permet à ces petits compartiments de communiquer entre eux.

Fig. 94. — Foraminifère actuel avec ses pseudopodes (très grossi).

L'évolution des Nummulites, préparée par des formes qu'on a trouvées dans les couches carbonifères et à la base du jurassique, s'étend brusquement pendant la période éocène pour diminuer ensuite assez rapidement. Le groupe est maintenant en complète régression et n'est plus représenté que par quelques rares formes vivantes, parmi lesquelles on peut citer une Nummulite rarissime de la Méditerranée (*N. Cumingii*) qui est très voisine d'une espèce de l'éocène (*N. planulata*). Il est à remarquer que les Nummulites étaient adaptés sensiblement aux mêmes conditions marines que les Acéphales appelés Rudistes dont nous avons parlé à l'époque secondaire. L'aire géographique d'extension des Nummulites dans le tertiaire correspond, en effet, assez exactement à la partie de la surface du globe occupée par les Rudistes pendant la période crétacée.

24. Les Poissons, les Reptiles et les Oiseaux tertiaires et quaternaires. — Les Poissons des époques tertiaire et quaternaire sont très voisins des Poissons actuels. On trouve des fossiles appartenant aux genres Carpe, Brochet, Perche, etc., ainsi que des Poissons marins faisant partie des genres qui existent aujourd'hui. Les dents de Squale sont très fréquentes dans les couches tertiaires et c'est l'un des faits qui avaient frappé Sténon, savant danois qui travaillait à Florence. En 1669, ce précurseur de la Paléontologie, avait signalé le premier la ressemblance entre ces dents de requins fossiles (fig. 95) et les dents de requins vivants (fig. 96).

Le fait le plus saillant qui marque le début de l'époque tertiaire, c'est la disparition des Ichthyosaures, Plésiosaures et des grands Reptiles que nous avons signalés à l'époque secondaire. On ne trouve dans les dépôts tertiaires que des Reptiles analogues à ceux d'aujourd'hui : Gavials, Alligators, Crocodiles, Lézards, Serpents.

Quant aux Oiseaux, leur évolution semble plus tardive que celle des groupes précédents. On a rencontré, en effet, dans les couches éocènes, des types d'Oiseaux dont les caractères tiennent à la fois d'un ordre d'Oiseaux actuels et de ceux d'un autre ordre. On a découvert, par exemple, à Meudon et aux environs de Reims, dans

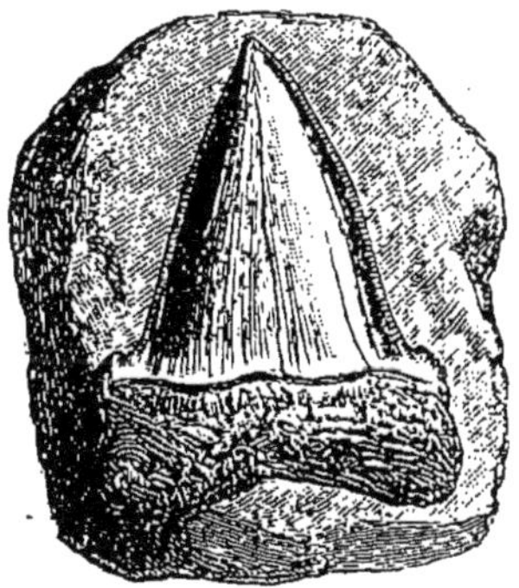

Fig. 95. — Dent de Squale fossile, Poisson de l'époque tertiaire (grandeur naturelle).

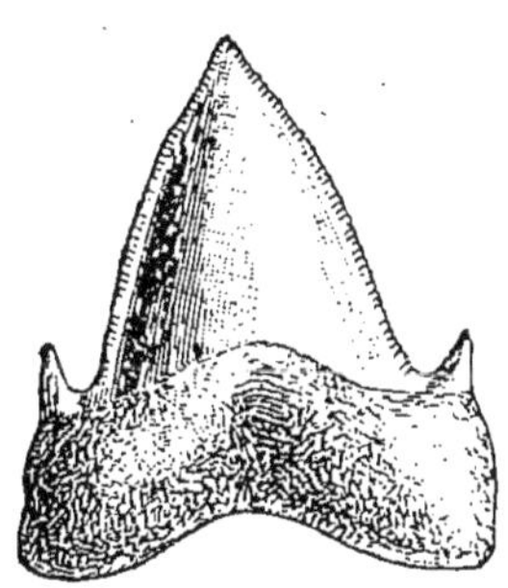

Fig. 96. — Dent de Squale actuel, comparable à la dent de Squale fossile (grandeur naturelle).

les argiles éocènes, les débris d'un grand Oiseau appelé *Gastornis*, qui rappelle l'Autruche (Coureurs) par certaines adaptations du squelette et l'Oie (Palmipèdes) par la structure de la jambe. Les dépressions que l'on constate sur ses mâchoires sont analogues aux alvéoles des dents de Reptiles et, comme chez les Reptiles, les os du bassin restent distincts entre eux.

Pendant la période miocène, les formes actuelles sont plus abondantes ; ainsi, sur 35 genres fossiles que l'on a décrits avec détail, plus de la moitié appartiennent aux genres vivants. Dans le miocène, on constate la présence des Autruches et des Casoars.

Enfin, l'époque quaternaire est remarquable par la spécialisation des formes analogues aux formes actuelles et par l'abondance de certains Oiseaux curieux qui ont disparu très récemment. Dans la Nouvelle-Zélande, on trouve en quantité des fossiles se rapportant à douze espèces du genre Dinornis. Les Dinornis (fig. 97), qui pouvaient atteindre 4 mètres de hauteur, étaient des Oiseaux sans ailes et même à membres antérieurs complètement avortés ; le sternum était plat, sans bréchet et élargi ; les pattes, très puissantes, possé-

daient trois doigts munis de fortes griffes. C'étaient donc des
oiseaux complètement adaptés à la course. On a trouvé des œufs
de Dinornis. Les Maoris de la Nouvelle-Zélande ont conservé le sou-
venir des combats qu'ils ont livrés contre les Dinornis (qu'ils appe-
laient Moas). On pense même que ces animaux vivaient encore au
siècle dernier, car un ancien chef maori, qui est mort en 1851, se
souvenait avoir mangé de la chair de Moa dans sa jeunesse. Il ne

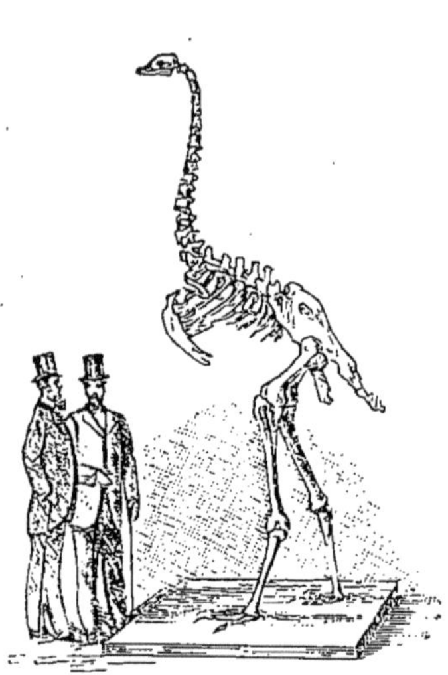

Fig. 97. — Squelette de Dinornis, Oiseau fossile de l'époque quaternaire
(Nouvelle-Zélande) ; haut. : 4 mètres.

Fig. 98. — Aptéryx, Oiseau actuel
de la Nouvelle-Zélande, comparable au Dinornis ; haut. : 0m,50.

subsiste plus, à l'état vivant, qu'un seul représentant de ce groupe à
la Nouvelle-Zélande, c'est l'Aptéryx (fig. 98) dont la grosseur est
celle d'une poule et dont le bec est allongé, tandis que celui des
Dinornis était court. L'Aptéryx se rapproche des Dinornis par son
squelette ; il a cependant deux rudiments d'ailes très courts, cachés
sous ses plumes. Les Epiornis, qu'on rencontre à l'état fossile dans
les terrains quaternaires et récents de Madagascar, étaient assez
analogues à l'Aptéryx et de plus grande taille encore que les Dinornis. Le volume de leurs œufs était de près de 8 litres.

25. Les Mammifères de la période éocène. — Dans les
couches de Laramie (Amérique du Nord), on observe un passag

insensible des terrains secondaires aux terrains tertiaires et les formes de Mammifères marsupiaux ou voisins des Marsupiaux indiquent nettement toutes les transitions successives depuis les Marsupiaux Insectivores de l'époque secondaire jusqu'à des Mammifères

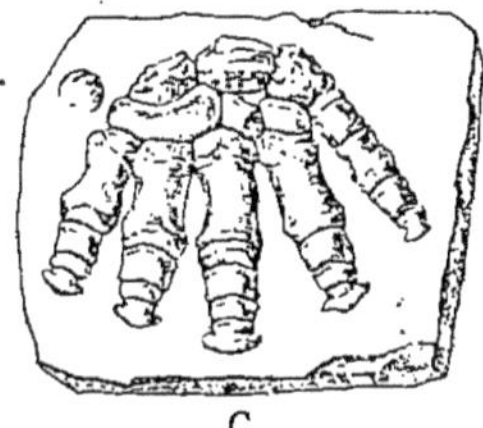

Fig. 99 et 100. — C, pied de Coryphodon, Mammifère de la période éocène ; E, patte d'Éléphant actuel.

plus différenciés. D'autre part, certaines formes de la période éocène sont tout à fait voisines de celles du jurassique (*Plagiaulax*, par exemple). Enfin, on trouve des Marsupiaux fossiles tertiaires

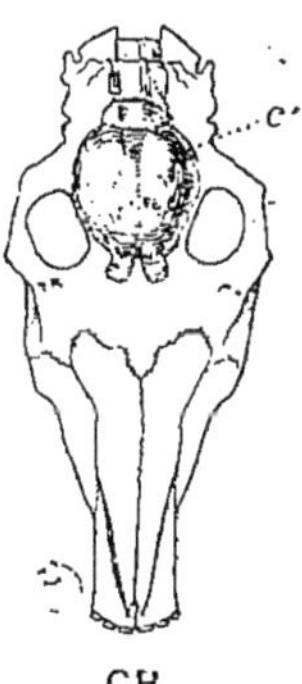

Fig. 101 et 102. — CR, crâne de Coryphodon (c, moulage de l'encéphale) ; CH, crâne du Cheval actuel (c', encéphale).

dans beaucoup de régions où les Marsupiaux ont actuellement disparu.

Une des découvertes les plus célèbres de Cuvier a trait à un Marsupial de l'éocène supérieur. En 1812, Cuvier avait trouvé dans le gypse de Montmartre la mâchoire d'un animal qui lui paraissait ressembler à celle des Sarigues actuelles de l'Amérique du Sud. Appliquant le principe de la corrélation des formes, Cuvier prédit que cet animal devait avoir sur le bassin les os spéciaux (os marsupiaux) qui servent à ces Mammifères pour soutenir la poche dans laquelle

Fig. 103. — Paléothérium, Mammifère fossile de l'éocène; haut. : 1 mètre.

ils mettent leurs petits. En présence de plusieurs personnes, il fit dégager la roche et l'on aperçut les deux os marsupiaux du bassin; sa supposition se trouvait vérifiée.

Les intermédiaires entre les Marsupiaux et les Mammifères supérieurs sont réalisés par le groupe important d'animaux fossiles éocènes auxquels on a donné le nom de Créodontes, et qui se relient d'une part aux Marsupiaux carnivores et d'autre part aux Mammifères supérieurs insectivores, montrant ainsi une singulière adaptation mixte.

D'ailleurs, beaucoup de Mammifères éocènes ne rentrent exactement dans aucun des groupes de Mammifères vivants et présentent aussi des caractères mixtes. Citons d'abord le Coryphodon, dont on a retrouvé de nombreux fossiles ; c'était déjà un Mammifère, d'assez grande taille, puisque son corps avait plus de 2 mètres de longueur. Ses pattes rappellent celles de l'Éléphant (comparez

Fig. 104. — Paléothérium restauré ; haut. : 1 mètre.

les figures 99 et 100), tandis que sa tête (CR, fig. 101) est plutôt celle d'un carnassier. Cet animal devait être l'un des moins intelligents des Mammifères proprement dits, si l'on en juge par le moulage de son cerveau, qui indique des centres nerveux d'un volume beaucoup moindre que ceux du Cheval (fig. 102 et 103).

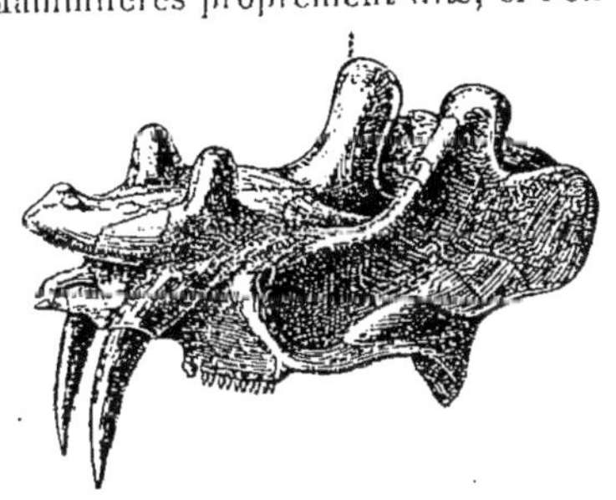

Fig. 105. — Tête de Dinocéras, Mammifère de la période éocène (il manque le maxillaire inférieur).

Un Mammifère plus étrange encore de la période éocène est le Dinocéras, dont le crâne est muni de protubérances et portait trois paires de cornes (fig. 105). Les membres du Dinocéras ressemblent encore plus à ceux de l'Éléphant que ceux du Coryphodon, mais la dentition est toute particulière. Les incisives manquent à la mâchoire supérieure, les canines très développées sont adaptées au déracinement des végétaux et les molaires sont disposées pour broyer.

Citons encore le Paléothérium (fig. 103 et 104), découvert pour la première fois par Cuvier, dans le gypse de Montmartre, que certains caractères rapprochent du Tapir et d'autres du Cheval ; l'Anoplothérium, d'assez petite taille, dont la queue était allongée, mais nageait dans l'eau à la manière des Hippopotames ; le Xiphodon (fig. 106),

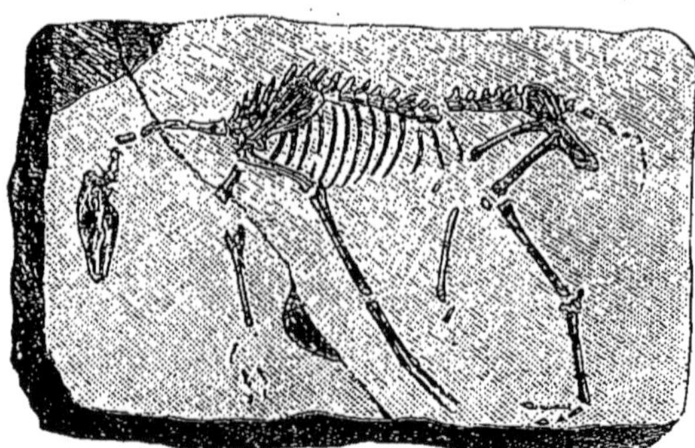

Fig. 106. — Xiphodon, Mammifère de la période éocène ; haut. : 0ᵐ,40.

sorte de Porcin au cou allongé, dont l'allure était celle d'une gazelle et dont la taille était celle d'une chèvre.

26. Les Mammifères de la période miocène. — L'évolution des Mammifères prend toute son extension pendant la période miocène. Les formes se diversifient en se spécialisant et c'est aussi pendant cette période que se trouvent les Mammifères terrestres, les plus grands qui aient jamais existé.

Dans le gisement de Pikermi, en Grèce, étudié par M. Gaudry, se trouve une accumulation de squelettes de Mammifères miocènes, présentant la diversité la plus remarquable.

Le plus grand Mammifère est le Dinothérium, qui appartient au groupe des Proboscidiens (comprenant les Éléphants actuels). Ce gigantesque animal avait 5 mètres de hauteur et près de 7 mètres de longueur ; il portait des défenses à la mâchoire inférieure (fig. 107 et 108) et non à la mâchoire supérieure comme l'Éléphant.

Les Mastodontes du miocène (fig. 109) étaient d'autres Proboscidiens dont le corps pouvait avoir 3 mètres de hauteur et qui étaient remarquables par leurs quatre défenses : deux à la mâchoire supérieure et deux à la mâchoire inférieure.

Le Brontops (fig. 110) rappelle un peu les Dinocéras par son allure générale ; mais c'est un Mammifère plus spécialisé, se rapprochant des Rhinocéros ; il atteignait plus de 2ᵐ,50 de hauteur. L'An-

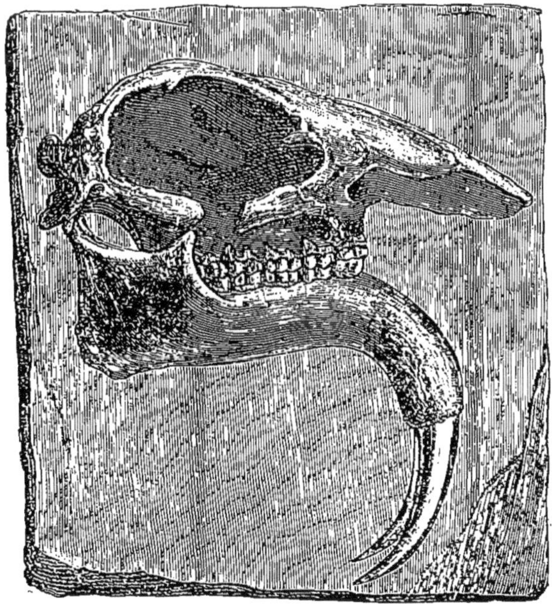

Fig. 107. — Tête de Dinothérium, Mammifère de la période miocène
(1/12ᵉ de grandeur naturelle).

Fig. 108. — Dinothérium restauré ; haut. : 5 mètres.

thracothérium est une sorte de Porcin qui avait des dents de Carnivore.

Fig. 10). — Mastodonte restauré, Mammifère de la période miocène ;
haut. : 2ᵐ,50.

D'autres types étaient encore mieux caractérisés. Parmi les Car-

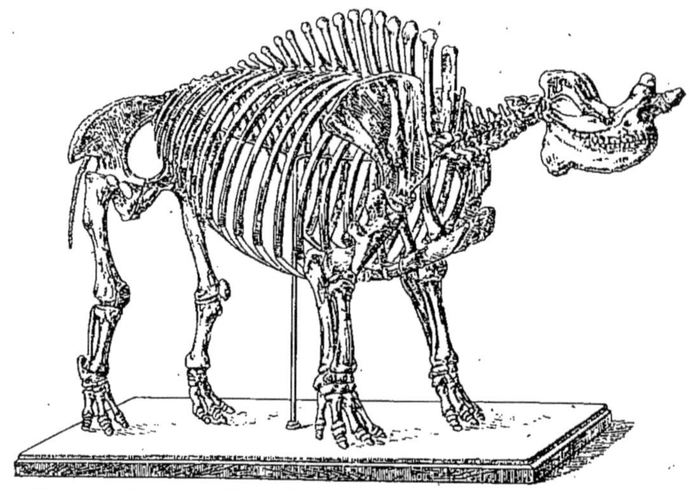

Fig. 110. — Brontops, Mammifère de la période miocène ; haut. : 2ᵐ,60.

nivores, le Machærodus est comparable au Tigre d'aujourd'hui, mais avec des canines bien plus fortes (fig. 111).

·D'autres Mammifères encore étaient voisins des Cerfs, des

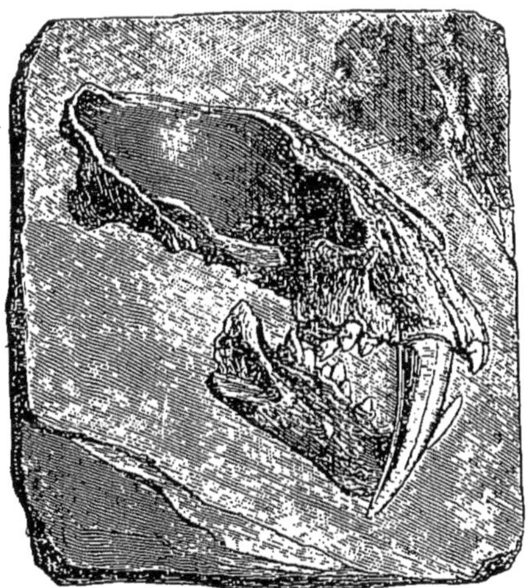

Fig. 111. — Tête de Macharodus, Mammifère fossile de la période miocène
largeur de la tête : 0^m,25.

Castors, des Hérissons, des Marmottes, des Taupes, etc.

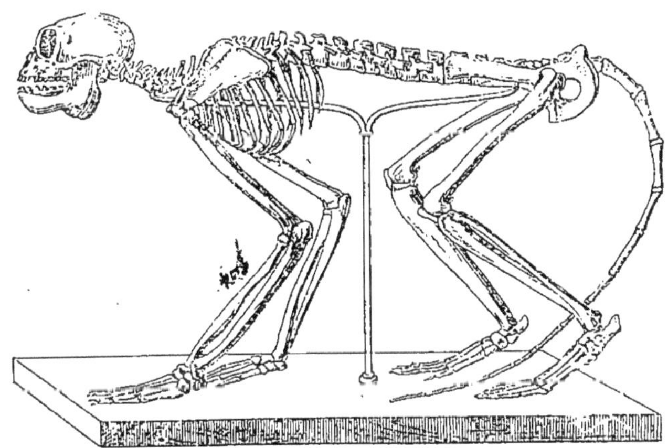

Fig. 112. — Mésopithèque, Singe de la période miocène.

Les vrais Singes, encore rares dans l'éocène, se montrent très net-

tement caractérisés pendant la période miocène. Tel est le Mésopithèque (fig. 112).

27. Les Mammifères de la période pliocène. — L'évolution des Mammifères a été plus tardive encore que celle des Oiseaux,
c'est seulement pendant la période pliocène que nous voyons la plupart des Mammifères ressembler de très près aux Mammifères actuels.

Il y avait encore des Mastodontes en Europe et on y trouve de
vrais Éléphants (qui en Amérique existaient déjà au commencement
de l'époque tertiaire). L'espèce la plus remarquable est l'Éléphant

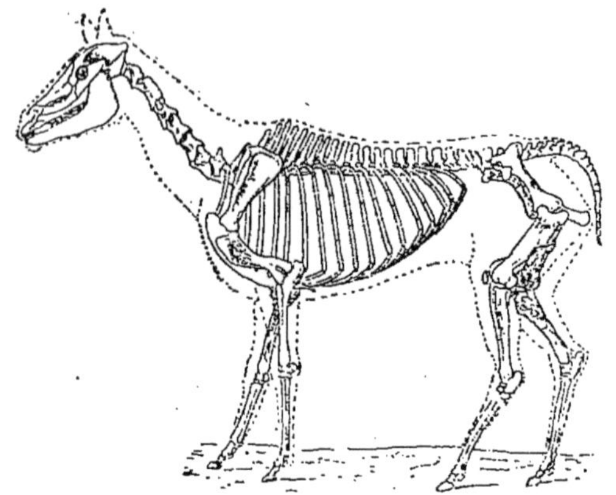

Fig. 113. — Hipparion (squelette et contour de l'animal restauré),
Mammifère de l'époque pliocène; haut. : 1ᵐ,5o.

méridional (*Elephas meridionalis*). On a trouvé à Durfort, dans le
Gard, un squelette entier de ce Proboscidien qui est dans la galerie
paléontologique du Muséum de Paris; il était beaucoup plus grand
que les Éléphants actuels : son corps mesurait 4ᵐ,50 de hauteur.

L'un des fossiles caractéristiques du pliocène est l'Hipparion
(fig. 113), animal voisin du Cheval et sur l'étude duquel nous revien-
drons. Enfin, de nombreux fossiles se rapportent aux genres actuels :
Chiens, Chats, Ours, Antilopes, Buffles, Bisons, Bœufs, Cha-
meaux, etc., mais les espèces pliocènes de ces genres ne sont pas
identiques aux espèces actuelles.

**28. Les Mammifères de l'époque quaternaire dans
l'ancien continent.** — Les Mammifères de l'époque quaternaire

étant très différents d'une part en Europe, en Asie et en Afrique et d'autre part en Amérique, nous examinerons successivement les Mammifères fossiles quaternaires de l'ancien continent et du nouveau continent.

Dans l'ancien continent, les Mammifères de l'époque quaternaire se rapportent pour la plupart à des espèces actuelles mais réparties d'une manière très différente; un certain nombre de Mammifères relient cependant les formes quaternaires aux formes tertiaires; enfin, plusieurs espèces importantes par leur abondance dans les formations quaternaires n'ont pas été trouvées dans les terrains tertiaires et ont aujourd'hui disparu.

Tous ces animaux sont contemporains de l'Homme qui a laissé tant de traces de son existence à l'Époque quaternaire; mais nous traiterons à part dans le chapitre suivant ce qui a trait à l'Homme fossile.

Les Éléphants ont montré un développement important à l'époque quaternaire, surtout au début. L'Éléphant méridional du pliocène vivait encore pendant la première période du quaternaire. On trouve, en même temps, à l'état fossile, plusieurs espèces d'Éléphants, soit de grandes espèces comme l'Éléphant antique (*Elephas antiquus*) qui atteignait presque la taille du Dinothérium, car il avait 4ᵐ,50 de hauteur, soit au contraire de petites espèces comme l'Éléphant de Falconer, trouvé dans l'île de Malte, et qui n'avait qu'un mètre de hauteur.

Mais l'espèce du même genre la plus remarquable est le Mammouth (*Elephas primigenius*), tout à fait caractéristique de l'époque quaternaire et qu'on retrouve au nord de l'Asie, en Europe et même en Amérique. Tandis que l'*Elephas antiquus* se rapproche par sa structure de l'Éléphant d'Afrique vivant, le Mammouth est voisin de l'Éléphant des Indes actuel. Il en diffère par sa grandeur (il avait environ 3ᵐ,50 de hauteur), par ses défenses très longues et recourbées (fig. 114), par ses dents molaires à lamelles plus serrées que chez l'Éléphant actuel (fig. 115 et 116) et par la fourrure épaisse qui recouvrait tout son corps.

Le Mammouth est peut-être l'animal fossile le mieux connu. Non seulement les squelettes sont très nombreux, car le tiers de l'ivoire employé dans le commerce provient des défenses fossiles de Mammouth, mais on a trouvé en 1799 et en 1846 des Mammouths conservés dans la glace avec la chair et les poils. Celui découvert en 1799 à l'embouchure de la Léna par un Toungouse était entier et intact ; seulement il ne fut étudié sur place que sept ans après, par Adams, qui trouva le corps en partie dévoré par les loups et les chiens ;

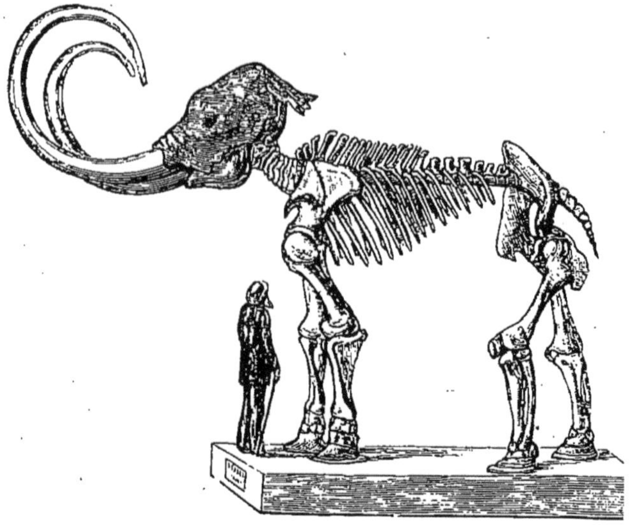

Fig. 114. — Mammouth (*Elephas primigenius*), de l'époque quaternaire.

toutefois, il restait des morceaux de muscles et une partie de la peau garnis de longs poils. Enfin, on a même retrouvé des dessins

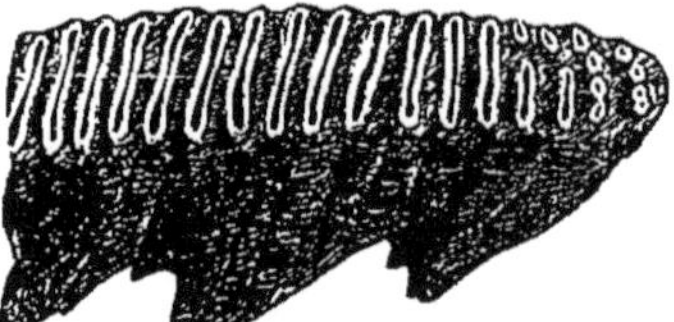

Fig. 115. — Dent molaire de Mammouth
(1/6e de grandeur naturelle).

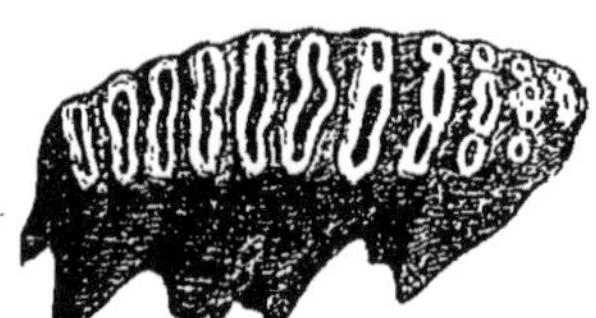

Fig. 116. — Dent d'Éléphant actuel,
comparable à la dent de Mammouth
(1/6e de grandeur naturelle).

conservés du Mammouth ou des sculptures représentant cet animal, dessins et sculptures faits par l'Homme préhistorique (Voy. fig. 121). En France, les débris de Mammouth sont surtout très abondants au mont Dol, près de Dol (Ille-et-Vilaine).

Un autre Mammifère, actuellement disparu, est l'Élasmothérium, qui tenait à la fois de l'Éléphant et du Rhinocéros. C'était un animal de grande taille ayant une trompe assez courte et une corne très développée.

Il y avait aussi à l'Époque quaternaire de vrais Rhinocéros appartenant à des espèces qui n'existent plus maintenant. Le plus important à signaler est le Rhinocéros à narines cloisonnées qui avait deux cornes énormes ayant chacune plus d'un mètre de long. Ce Rhinocéros doit son nom à l'ossification complète de la cloison des fosses nasales, adaptation en rapport avec le poids des cornes que le nez avait à soutenir.

Dans les glaces de Sibérie, on a découvert le corps entier d'un de ces animaux, avec la chair, la peau recouverte d'une épaisse fourrure, comme celle du Mammouth. C'est là encore une adaptation de ces Pachydermes à un climat rigoureux, tandis que les Éléphants et Rhinocéros actuels, limités aux contrées chaudes, ont la peau presque entièrement dépourvue de poils. Mais un fait curieux, au point de vue de l'évolution et de la parenté probable des Rhinocéros et des Éléphants actuels avec ceux du quaternaire, c'est qu'un jeune Rhinocéros actuel ou un jeune Éléphant vivant est complètement couvert de poils qui tombent ensuite lorsqu'il grandit.

Une espèce d'Hippopotame qui existait déjà dans la période pliocène était très répandue en Europe, surtout en Allemagne, en Angleterre et en France.

Le Renne, identique à l'espèce actuelle, s'étendait jusqu'au sud de l'Europe au lieu d'être confiné comme aujourd'hui dans les régions po-

Fig. 117. — Cerf à grandes cornes (*Cervus megaceros*), Mammifère de l'époque quaternaire ; haut. totale : 3ᵐ,25.

laires. Des dessins de Renne faits par l'homme quaternaire ont été trouvés dans les gisements fossilifères du sud de l'Europe (Voy. fig. 136). Les Cerfs, les Daims, les Chevreuils étaient aussi distribués d'une façon tout autre qu'à l'époque actuelle. Mais l'animal voisin des précédents, le plus important des terrains quaternaires, est le Cerf à grandes cornes (fig. 117) dont l'espèce est aujourd'hui éteinte et dont on a trouvé des squelettes entiers dans les tourbières du Danemark et de l'Irlande. Ses bois avaient jusqu'à 4 mètres d'envergure.

Citons encore parmi les Ruminants deux espèces confondues sous le nom d'Aurochs. La première est le Bison d'Europe qui existe encore à l'état sauvage dans le Caucase ; la seconde est l'Urus ou véritable Aurochs, animal de grande taille qui vivait encore en Allemagne pendant le moyen âge et dont les descendants d'aujourd'hui paraissent être les races de bœufs du Holstein.

Parmi les Carnassiers quaternaires, on doit mentionner un Ours, plus grand que les espèces actuelles, et connu sous le nom d'Ours des cavernes. L'homme préhistorique en a laissé des dessins, par exemple un dessin fait sur ardoise (Voy. plus loin, fig. 122).

Le Machærodus, que nous avons signalé dans la période miocène, se retrouve dans le quaternaire en même temps que des Panthères et des Lions, qui étaient alors répandus dans toute l'Europe. Enfin, des squelettes appartenant à plusieurs espèces d'Hyènes ont été trouvés dans les cavernes habitées par l'Homme quaternaire.

Ajoutons, pour terminer ce qui est relatif à l'ancien continent, que les fossiles tertiaires et quaternaires de l'Australie appartiennent tous aux Marsupiaux.

29. Les Mammifères de l'époque quaternaire dans le nouveau continent. — Certains fossiles communs rattachent les formations quaternaires d'Amérique à celles de l'ancien continent. Dans les régions septentrionales, on trouve le Mammouth, ailleurs des Ours et des Chevaux analogues à ceux du quaternaire d'Europe, mais on n'a pas rencontré en Amérique de Rhinocéros, d'Hippopotame, d'Hyène ou d'Ours des cavernes.

Une première différence importante consiste dans la persistance dans le quaternaire américain, du type Mastodonte, genre qui était déjà développé dans le tertiaire et qu'on n'a plus rencontré dans les formations quaternaires de l'ancien continent.

Mais ce qui est tout particulier à ces formations, en Amérique, c'est la présence de gigantesques Édentés à l'époque quaternaire.

Les Édentés actuels (Tatous, Fourmilier, Paresseux, Pangolin) sont des Mammifères sans dents ou à dents toutes pareilles dépourvues d'émail, l'ivoire étant entièrement recouvert par du cément; ils sont tous d'assez petite taille. Dans le quaternaire américain, l'évolution de ce groupe, dont on rencontre quelques premiers exemples dans l'éocène, était à son maximum. Citons deux des plus remarquables parmi ces animaux : le Mégathérium et le Glyptodonte.

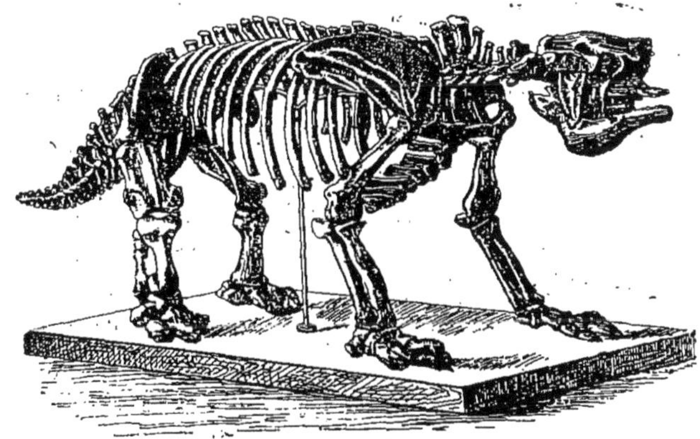

Fig. 118. — Mégathérium, Mammifère de l'époque quaternaire (Amérique) haut. : 2ᵐ,25.

Le Mégathérium (fig. 118) avait près de 4 mètres de longueur

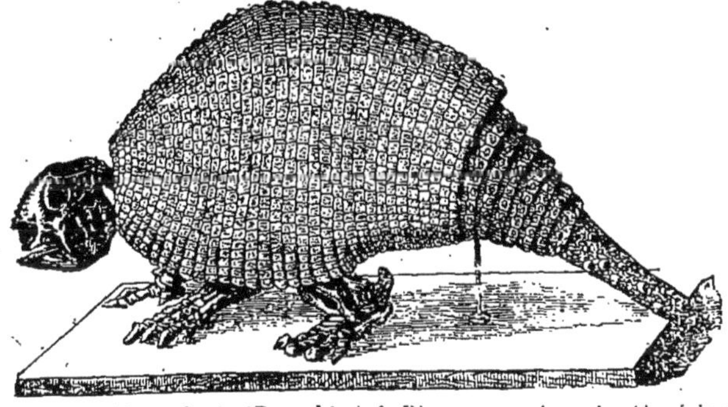

Fig. 119. — Glyptodonte (*Panochlus*) de l'époque quaternaire (Amérique); haut. : 1ᵐ,15.

et environ 2ᵐ,25 de hauteur. Les pattes sont armées de griffes puis- santes destinées à fouiller le sol pour déraciner les arbres de petite taille. Les membres postérieurs et sa queue massive lui permettaient de se dresser comme l'Iguanodon pour atteindre les branches feuillées des grands arbres. On a trouvé récemment, en Patagonie, les preuves de l'existence actuelle d'un animal voisin du Mégathérium, mais de moins grande taille. On l'a nommé Néomylodon.

Les Glyptodontes rappellent les Tatous actuels par la carapace dont ils étaient recouverts; c'étaient aussi des herbivores, comme l'indique la forme de leurs dents disposées pour broyer et triturer. Celui que représente la figure 119 avait la taille d'un Rhinocéros.

30. Coup d'œil sur les faunes tertiaire et quaternaire. — La disparition presque complète des Ammonées et des Bélemnées, qui ne sont plus représentés dans les terrains tertiaires que par quelques rares formes amenant aux Céphalopodes actuels les plus voisins, marque le commencement de l'époque tertiaire.

L'extension considérable du groupe des Mammifères, dont les transitions avec les Mammifères secondaires sont insensibles dans certaines couches, est le fait paléontologique le plus saillant de cette époque et aussi de l'époque quaternaire qui s'y relie d'une manière complète.

On voit d'abord divers types de Mammifères peu différenciés, à formes étranges, puis leur organisation se spécialise, s'adapte aux différents milieux et aux diverses régions d'une façon plus complète jusqu'à conduire d'une manière insensible, après des disparitions successives d'espèces, aux types actuels.

Les Oiseaux tertiaires sont dépourvus de dents et perdent les caractères qui les rapprochaient des Reptiles à l'époque secondaire. Plus rapidement encore que les Mammifères, ils prennent des structures peu différentes de celles des Oiseaux aujourd'hui vivants.

Les grands Reptiles de l'époque secondaire ont disparu en même temps que s'épanouissent les Mammifères. Ces énormes animaux ont dû périr rapidement dans la lutte avec les Mammifères, car leur taille exigeait une nourriture considérable et nous avons vu que leur cerveau était singulièrement réduit. Dès le début de l'époque tertiaire, les Reptiles diffèrent peu des Reptiles vivants.

Enfin les Invertébrés, sauf le développement extraordinaire des Nummulites, Foraminifères tertiaires de grande taille, sont encore plus rapprochés des Invertébrés vivants et contiennent une proportion croissante d'espèces actuelles, à mesure qu'on s'élève dans la série tertiaire et quaternaire.

RÉSUMÉ

Cérithes et Nummulites. — Les Cérithes, qui sont des *Mollusques Gastéropodes marins*, et les Nummulites, qui sont des *Protozoaires Foraminifères*, caractérisent les terrains tertiaires.

Organisation d'un Cérithe. — La coquille d'un Cérithe est enroulée en hélice, les tours de l'hélice étant de plus en plus grands. Un Cérithe est un animal assez analogue à l'Escargot mais respirant par des branchies et vivant dans l'eau de la mer.

Organisation d'une Nummulite. — Les Foraminifères sont généralement microscopiques. Les Nummulites sont de grande taille (il y en a de 6 centimètres de longueur). La carapace d'une Nummulite est formée d'un très grand nombre de loges qui communiquent entre elles et est percée de pores par où peuvent passer les pseudopodes.

Principaux animaux de l'époque tertiaire. — On peut résumer dans le tableau suivant les principaux animaux fossiles des terrains tertiaires.

Invertébrés.
- Protozoaires : Nummulites.
- Rayonnés : Oursins, Étoiles de mer, etc.
- Mollusques.
  - *Gastéropodes* : Cérithes (dépôts marins). — Lymnées (dépôts d'eau douce).
- Articulés.
  - On trouve les Articulés très bien conservés dans l'ambre jaune de l'Allemagne du Nord : Insectes, Arachnides, Myriapodes.

Vertébrés.
- Poissons.
  - Analogues aux Poissons actuels. La plupart sont *homocerques*.
- Reptiles.
  - Analogues aux Reptiles actuels : Garials, Alligators, Crocodiles, Lézards, Serpents, etc.
- Oiseaux.
  - Gastornis (Oiseau coureur qui rappelle l'Autruche). — Dinornis (Oiseau sans ailes et même à membres antérieurs avortés, pouvant atteindre 4 mètres de hauteur). — Épiornis (Oiseau coureur de grande taille).
- Mammifères.
  - *Période éocène.*
    - Coryphodon (tête de Carnassier et pattes d'Éléphant).
    - Dinocéras (trois paires de cornes et deux grandes incisives supérieures.
    - Paléothérium (voisin du Tapir).
    - Xiphodon (Porcin de la taille d'une Chèvre).
  - *Période miocène.*
    - Dinothérium (sorte d'Éléphant à deux défenses à la mâchoire inférieure ; 5 mètres de hauteur).
    - Mastodonte (sorte d'éléphant à dents molaires séparées, à quatre défenses, dont deux inférieures et deux supérieures ; 3 mètres de hauteur).
    - Brontops (sorte de grand Rhinocéros ; 2^m,50 de hauteur).
    - Mésopithèque (sorte de Singe).
  - *Période pliocène.*
    - Éléphant méridional (4^m,50 de hauteur).
    - Hipparion (sorte de Cheval à trois doigts développés).

Principaux animaux fossiles à l'époque quaternaire. — Ce sont surtout des Mammifères qui caractérisent l'époque quaternaire. On peut résumer les principaux Mammifères fossiles quaternaires de la manière suivante

Mammifères de l'époque quaternaire.

1° Dans l'ancien continent.
- Mammouth (*Elephas primigenius* : Éléphant recouvert de longs poils, à défenses recourbées ; 3ᵐ,50 de hauteur).
- Cerf à grandes cornes (ses bois avaient jusqu'à 4 mètres d'envergure).
- Aurochs (ou Bœuf Urus, de grande taille).

2° Dans le nouveau continent.
- Mégathérium (Édenté de 4 mètres de longueur à pattes armées de griffes puissantes).
- Glyptodon (recouvert d'une carapace ; sorte de Tatou de plus de 1 mètre de hauteur).

3° En Australie
- Il n'y avait que des Marsupiaux.

CHAPITRE IV

L'HOMME FOSSILE

31. L'homme fossile. — Il n'y a guère plus d'un demi siècle qu'on a acquis la preuve que l'Homme était contemporain, en Europe, de l'Ours des cavernes, du Mammouth, du Cerf à grandes cornes (en Amérique, du Mégathérium et du Glyptodon) et, en général, de toutes les espèces aujourd'hui éteintes de l'époque quaternaire. En 1825, Cuvier disait qu'il n'avait jamais trouvé d'Homme fossile. Aujourd'hui, les documents sur la présence de l'Homme dans les dépôts quaternaires sont devenus extrêmement nombreux. On a même pu distinguer plusieurs races déterminées d'Hommes préhistoriques. La découverte de beaucoup de squelettes humains fossiles mêlés aux débris des animaux dont nous venons de parler ainsi que des produits de l'industrie primitive de l'Homme a fourni de précieuses indications sur les progrès gradués de son intelligence.

32. Documents sur l'Homme tertiaire. — Certains documents permettent de supposer que l'Homme existait déjà à l'époque tertiaire, même pendant la période miocène. Ces faits ne sont pas à l'abri de plusieurs objections, quoiqu'ils présentent un caractère de grande probabilité. Il est difficile, d'ailleurs, de comprendre la raison de l'acharnement avec lequel certains auteurs veulent nier à toute force l'existence de l'Homme tertiaire, puisque nous avons vu que toutes les transitions relient l'époque quaternaire à celle qui l'a précédée : il n'y a là qu'une question de mots.

Il est bien clair que les ancêtres de l'Homme quaternaire sont à rechercher dans les terrains sous-jacents et il n'y a rien d'étonnant à ce que l'on trouve des squelettes humains fossiles plus anciens que ceux des dépôts quaternaires.

Les traces les plus reculées de l'existence de l'Homme ont été trouvées par l'abbé Bourgeois à Thenay (Loir-et-Cher), dans le calcaire de Beauce, qui s'est déposé dans le commencement de la période miocène. Ce ne sont pas des débris humains, mais des produits de la première industrie de l'Homme : des morceaux de silex taillés en forme de grattoirs et de couteaux dont quelques-uns font voir des retouches, mais l'authenticité de ces spécimens est encore contestée.

Sans parler d'autres découvertes analogues signalées en France et en
Italie, on ne peut passer sous silence les importantes trouvailles faites
dans l'Amérique du Sud au sujet de l'Homme fossile par M. Ameghino.
— Là, les échantillons incontestables se comptent par milliers ; les objections ne peuvent porter que sur la détermination chronologique des
terrains dans lesquels ont été rencontrés les squelettes humains fossiles
ou les débris de l'industrie de l'Homme primitif. Les premiers silex
taillés remonteraient à l'époque miocène; mais c'est au pliocène que
l'on rapporte les sédiments de la République Argentine où abondent
les squelettes humains mêlés aux ossements de Machærodus, de Glyptodon et de nombreuses autres espèces d'animaux fossiles ; en même
temps, se trouvent des poteries, des os taillés ou portant les traces du
feu et des objets divers témoignant de l'action de l'Homme.

33. Les dépôts des cavernes à l'époque quaternaire. —
Revenons aux documents de l'époque quaternaire qui, sans aucune
contestation, se rapportent à l'Homme fossile. C'est surtout au fond
des cavernes creusées naturellement dans les rochers que l'on a
trouvé des débris humains quaternaires. Depuis 1827, les dépôts

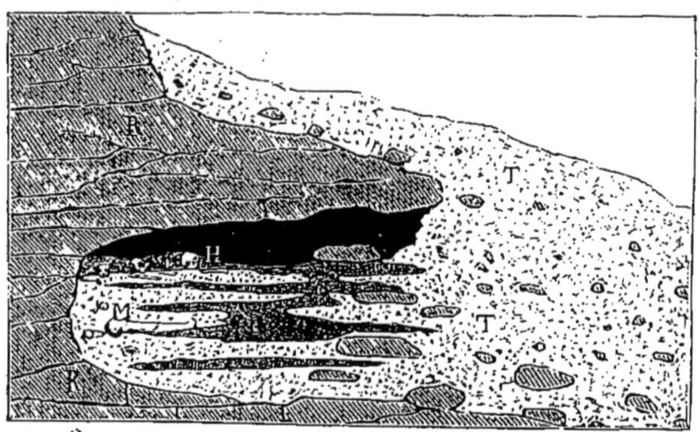

Fig. 120. — Caverne qui servait d'habitation aux Hommes de l'époque quaternaire, à Laugerie (basse Dordogne) : C, cendres ; H et M, débris de squelettes d'Hommes quaternaires et de squelettes de Mammouths ; TT,
terrains éboulés par-dessus la caverne.

d'un grand nombre de ces cavernes, où les Hommes préhistoriques
disputaient un abri aux carnassiers, ont été étudiés avec grand soin
aux environs de Liége, d'Avallon dans l'Yonne, à la caverne d'Auri-
gnac dans la Haute-Garonne, dans la Dordogne, dans l'Ariège, en
Angleterre, en Allemagne et plus récemment à Spy, près de Namur.

Dans ces cavernes (fig. 120), des dépôts calcaires renferment des ossements humains associés fréquemment aux débris de squelettes de l'Ours des cavernes, de l'Hyène des cavernes, du Rhinocéros à narines cloisonnées, du Mammouth et de nombreux autres animaux

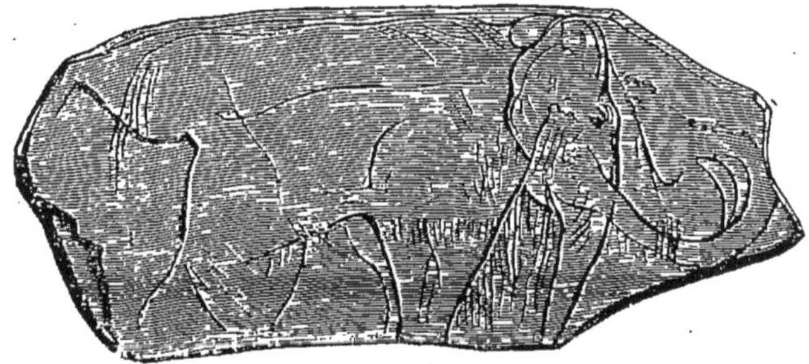

Fig. 121. — Dessin de Mammouth fait par un Homme de l'époque quaternaire sur un morceau d'ivoire.

fossiles caractéristiques. L'Homme habitant ces cavernes connaissait le feu, comme le prouvent de nombreux débris de charbon de bois

Fig. 122. — Dessin d'Ours des cavernes fait par l'Homme quaternaire sur un morceau d'ardoise.

et les restes d'os calcinés qui sont enfouis dans les mêmes dépôts ; il savait fendre les os en long pour en extraire la moelle et fabriquer de nombreux instruments en silex.

Enfin, l'art de l'Homme préhistorique fournit lui-même la preuve qu'il était contemporain du Mammouth et de l'Ours des cavernes. C'est ainsi qu'on a découvert, dans la grotte de la Madeleine (vallée de la Vezère), une plaque d'ivoire sur laquelle est représenté un Mammouth gravé à la pointe par l'Homme quaternaire (fig. 121) et un dessin analogue trouvé dans la grotte de Massat (Ariège), représentant un Ours des cavernes (fig. 122).

34. Les divers âges de l'industrie humaine. — On a rapporté les débris de l'industrie humaine à trois périodes successives : l'âge de la pierre taillée, l'âge de la pierre polie et l'âge du bronze et du fer.

Il semble, en effet, que, si l'on borne les études à une même contrée, l'Homme quaternaire n'a d'abord connu que des instruments en silex taillé en même temps que ceux faits en ivoire, en os ou en bois de renne ; puis vient l'art de polir le silex et de perfectionner la fabrication des poteries ; enfin l'Homme découvre les minerais et sait en retirer le cuivre ou l'étain dont l'ensemble forme le bronze ; bientôt après, sinon en même temps, il extrait le fer qui lui permet de perfectionner tous les instruments nécessaires à la chasse et à l'agriculture.

Mais il faut bien comprendre que ces âges ne sont successifs que dans une même contrée.

Dans une région, les progrès de l'Homme pouvaient s'être arrêtés à la confection des silex taillés, tandis que dans une autre il avait appris déjà à polir la pierre ou que dans une troisième région, à la même date, il savait extraire les métaux.

La meilleure preuve de la non-concordance chronologique des trois âges dont nous venons de parler, en est donnée par des documents récents ou même actuels. C'est ainsi qu'au moyen âge, alors que l'usage des métaux était depuis longtemps connu pour la majeure partie des hommes, les habitants des îles Canaries ne savaient que tailler et polir le silex d'une manière identique à l'Homme quaternaire de la vallée de la Seine.

Si l'on ne considérait aujourd'hui que certains sauvages du nord de la Sibérie ou ceux de la Patagonie, nous serions à l'âge de la pierre taillée ; si l'on prenait pour types de l'Homme actuel les naturels de la Nouvelle-Calédonie, nous serions à l'âge de la pierre polie.

Chaque race ou plutôt chaque peuplade humaine a donc suivi son évolution propre et les progrès de la civilisation se sont faits plus rapidement pour certaines d'entre elles que pour les autres.

Quoi qu'il en soit, et en sachant bien que chaque âge ne correspond pas à une même époque sur toute la surface du globe, nous allons passer en revue rapidement les principaux caractères des âges de la pierre taillée, de la pierre polie, du bronze et du fer.

35. Age de la pierre taillée. — A ce premier âge de l'industrie humaine, les hommes ne savaient ni extraire les métaux, ni

Fig. 123. — Silex taillé par l'Homme de l'époque quaternaire, ayant servi de hache (1/2 grandeur naturelle).

Fig. 124 et 125. — Pointes de flèche en silex taillé de l'époque quaternaire (1/2 grandeur naturelle).

même polir la pierre; mais ils connaissaient l'usage du feu et fabriquaient déjà quelques poteries grossières.

Les instruments de guerre ou de chasse étaient en silex, taillés, emmanchés sur du bois ou parfois en os, en bois de renne. On a trouvé, formant parfois des amas énormes, des haches ou des pointes de flèches en silex (fig. 123 à 125), des flèches et des harpons en os ou en bois de renne (fig. 128 et 132 à 135).

D'autres instruments sont relatifs aux travaux intérieurs et servaient à manger, à scier, à coudre; tels sont les couteaux et les scies
en silex (fig. 126 et 127), les cuillers (fig. 129), les aiguilles en os
(fig. 130 et 131). On a même découvert des sifflets, des spatules de
formes variées, des bâtons de commandements, etc.

Déjà, à l'âge de la pierre taillée, l'homme avait des goûts artistiques très marqués. Nous avons vu qu'on a rencontré dans les

Fig. 126 et 127. — Couteau et scie en silex
taillé, de l'époque quaternaire (1/2 grandeur
naturelle).

Fig. 128. — Harpon en os de
renne, de l'âge de la pierre
taillée (1/5e de grand.
natur.).

cavernes, avec des silex taillés, des dessins comme ceux que représentent les figures 121 et 122; on a découvert aussi des dessins sur
bois de renne (fig. 136), sur bois de cerf (fig. 137). On a mis à jour,
extraits de ces dépôts, d'élégantes statuettes en pierre, en ivoire ou
en or, représentant des Hommes, des Mammouths et divers animaux.

Si l'on compare l'industrie des Hommes de l'âge de la pierre
taillée à celle de certaines peuplades actuelles, on remarque une ana-
logie frappante entre les diverses armes ou instruments dont ces
dernières se servent actuellement et les objets préhistoriques qui

Fig. 129. — Cuiller en bois de renne, de l'âge de la pierre taillée (1/5ᵉ de grand. natur.).

Fig. 130 et 131. — Aiguilles en os, de l'âge de la pierre taillée (2/3 de grand. natur.).

Fig. 132 à 135. — Diverses pointes de flèches, de l'âge de la pierre taillée (1/5ᵉ de grand. natur.).

Fig. 136. — Morceau de bois de renne, sur lequel se trouve un dessin de Renne fait par un Homme de l'âge de la pierre taillée.

viennent d'être énumérés. Les Fuégiens, habitants de la Terre de Feu, taillent encore des pointes de flèches en silex (fig. 138), tout

à fait comparables aux pointes de flèche en pierre taillée trouvées dans les dépôts quaternaires (fig. 124); les mêmes sauvages confectionnent, avec des os de baleine, des harpons (fig. 139) presque identiques aux

Fig. 137. — Morceau de bois de cerf sur lequel se trouve un dessin représentant un Cerf, fait à l'âge de la pierre taillée.

harpons quaternaires en os de renne (fig. 128). Les habitants de la

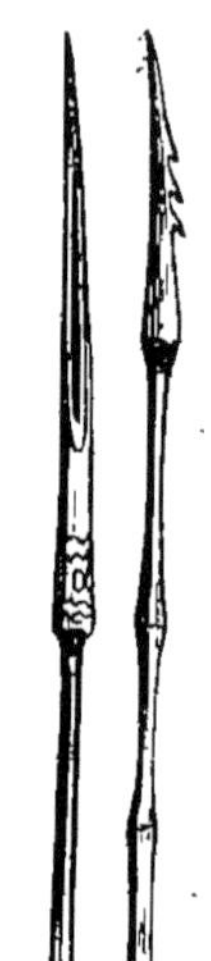

Fig. 138. — Flèches actuelles des Fuégiens, en silex taillé. — Comparez cette figure aux figures 124 et 125 (1/2 grandeur naturelle).

Fig. 139. — Harpon en os de baleine des Fuégiens actuels, comparable à celui de la figure 128 (1/5ᵉ de grandeur naturelle).

Fig. 140 et 141. — Flèches avec pointes en os des habitants actuels de la Nouvelle-Guinée, comparables à celles de l'époque quaternaire (Voy. fig. 132) (1/5ᵉ de grand. natur.).

Nouvelle-Guinée ont des flèches dont les pointes en os (fig. 140 et 141) sont fabriquées de la même manière que les pointes de flèche en os de renne de l'époque quaternaire (fig. 132 à 135). Les naturels du Kamtchatka sculptent des animaux (Ours, Renards, Cerfs) ou dessinent sur ivoire et sur os de la même façon que les anciens habitants des grottes de la Madeleine ou de Massat.

Cette similitude des produits de l'industrie humaine entre les peuplades arriérées, encore vivantes, et les Hommes préhistoriques a permis de comprendre l'usage de certains instruments, de savoir comment s'emmanchaient les flèches, les haches et d'expliquer plusieurs points encore obscurs de l'industrie humaine à l'âge de la pierre taillée.

C'est ainsi, par exemple, que la figure 138 montre la manière dont devaient être attachées les pointes de flèches en silex taillé (fig. 124 et 125).

Les figures 140 et 141 font comprendre comment les pointes en bois de renne étaient emmanchées.

36. Age de la pierre polie. — L'âge de la pierre polie (ou âge néolithique) correspond à un progrès dans la fabrication des objets à l'usage de l'homme. Les silex étaient polis par le frottement sur d'autres roches siliceuses et l'on a retrouvé assez souvent des polissoirs où sont marquées en creux les places qui servaient à polir les silex. Les poteries sont plus perfectionnées, et, en même temps que des instruments en pierre polie, on a découvert, dans plusieurs circonstances, des fragments d'étoffe grossière (fig. 142) qui devaient appartenir à des vêtements.

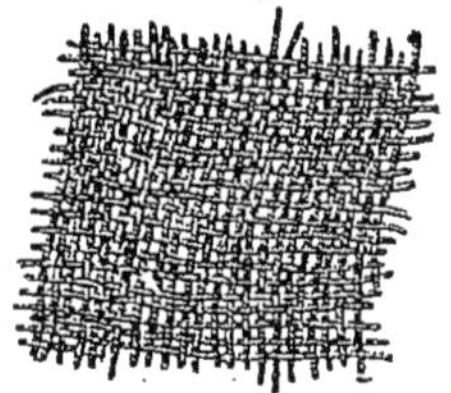

Fig. 142. — Morceau d'étoffe trouvé dans les dépôts de l'âge de la pierre taillée.

La figure 143 représente une hache en pierre polie ; la figure 144,

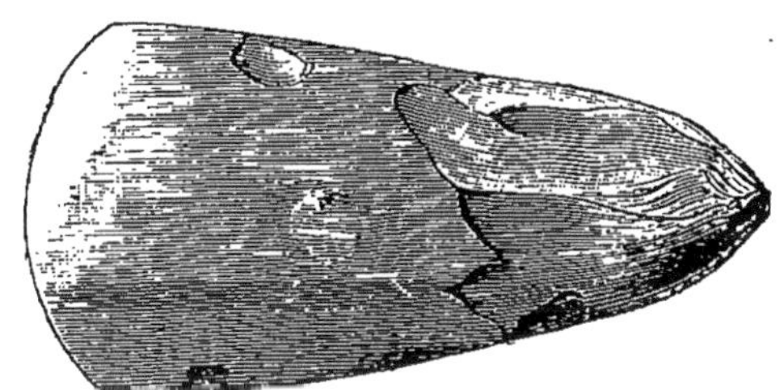

Fig. 143. — Silex poli par l'Homme de l'âge néolithique
(1/2 grandeur naturelle).

une hache emmanchée. On a placé en regard de cette figure le des-

sin d'une hache des habitants actuels de la Nouvelle-Calédonie
(fig. 145), qui est analogue.

C'est principalement à l'âge de la pierre polie que se rapportent
les constructions bâties sur pilotis dont on a trouvé de nombreux

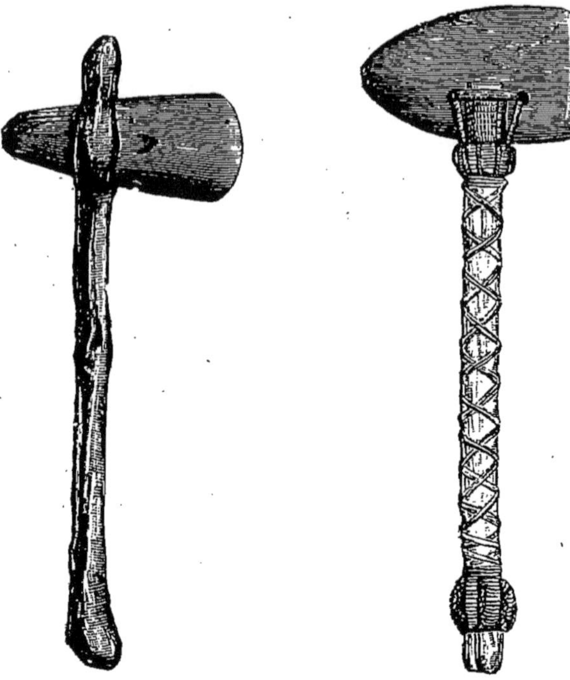

Fig. 144. — Hache en silex poli
de l'âge néolithique, emmanchée
(1/5e de grandeur naturelle).

Fig. 145. — Hache en silex poli des habitants actuels de la Nouvelle-Calédonie, comparable à la hache de l'âge
de la pierre polie (1/5e de grand. natur.).

vestiges, en particulier dans les lacs de la Suisse, de la Savoie, de
l'Italie et de la Scandinavie. C'étaient des cabanes formées de
branches régulièrement enchevêtrées et couvertes de chaume. On a
appelé *cités lacustres* ces réunions d'habitations où les hommes se
mettaient à l'abri de leurs ennemis en édifiant leurs demeures, non
plus dans les cavernes, mais au milieu de l'eau (fig. 146). Il y avait
quelquefois jusqu'à deux ou trois cents cabanes agglomérées à côté

les unes des autres. Les cités lacustres marquent encore un progrès
dans la conquête de l'Homme sur la nature. A côté d'instruments de

Fig. 146. — Habitation lacustre de l'âge néolithique, reconstituée.

chasse, de pêche (hameçons, filets), on trouve des instruments primitifs servant à l'agriculture et les études sur les débris rencontrés
dans les huttes font voir que l'Homme avait déjà domestiqué un certain nombre d'animaux.

On trouve aussi dans ces dépôts quaternaires des poteries variées
très bien fabriquées et souvent décorées de dessins artistiques, ainsi
que divers objets d'ornements : colliers, bracelets, etc. Parfois, on
a mis à jour une énorme quantité de fruits de la même espèce qui
avaient été accumulés en provision (des fruits de Cornouiller, par
exemple) et qui servaient peut-être à fabriquer une boisson alcoo-
lique, comme le kava actuel des sauvages des îles Viti.

La description d'Hérodote se rapportant aux habitations des Pæo-
niens du lac Prasias (Roumélie) concorde exactement avec les découvertes des cités lacustres dont nous venons de parler. Ce mode
d'habitation humaine a donc pu persister pendant longtemps chez
certaines tribus, et, d'ailleurs, aujourd'hui on peut voir des cités
lacustres encore habitées par les hommes dans la Nouvelle-Guinée,
à Java et aux îles Carolines.

Les monuments *mégalithiques* (dolmens, menhirs, allées couvertes,
tumuli, cromlechs) formés de pierres gigantesques, sont aussi rapportés, pour la plupart, à l'âge de la pierre polie.

On trouve des monuments mégalithiques dans presque toutes les
parties du globe. En Russie, ils se comptent par centaines de mille ;

les îles Orcades en possèdent à elles seules plus de deux mille ; dans

Fig. 147. — Dolmen près de Locmariaquer (Bretagne).

le cercle de Midjana, en Algérie, il y en a plus de dix mille. C'est
dans l'ouest des Iles Britanniques et en Bretagne que sont les plus remarquables.

Un *dolmen* (fig. 147) est une très grande pierre plate (table) posée sur d'autres grandes pierres qui sont dressées. — Un *menhir* est simplement une grande pierre dressée. L'un des plus grands de la France se trouve près de Locmariaquer, à l'entrée du golfe du Morbihan.

Fig. 148. — Alignements de menhirs, à Carnac (Bretagne).

Il a été foudroyé au XVIIe siècle ; mais, quoique brisé, il est facile de voir qu'il avait 22 mètres de hauteur et son poids est estimé à 250 000 kilogrammes. Près de Carnac, en Bretagne, on voit des menhirs moins grands mais très nombreux et disposés en alignements (fig. 148). — Une *allée couverte* est un double alignement de menhirs recouvert par de grandes dalles transversales. — Un *tumulus* est un tertre de terre ou de cailloux recouvrant un dolmen. L'un des plus remarquables est situé dans l'île de Gavr'inis (Morbihan). Les énormes dalles qui le composent sont formées d'une roche qui ne se trouve nulle part dans l'île; il est difficile de concevoir par quels procédés l'homme préhistorique a pu transporter de pareilles masses à de si grandes distances et à travers la mer. Les parois de beaucoup de ces monuments sont ornées de dessins rappelant la forme des feuilles de fougères ou creusées d'anneaux en saillie qui font corps avec la pierre. — Un *cromlech* est une série de menhirs disposés en couches concentriques autour d'un dolmen ou d'un tumulus placé au centre. Le cromlech de Drumbo, près de Belfast, en Irlande, mesure 176 mètres de diamètre.

37. Age du bronze et du fer. — Il semble que l'art d'extraire le fer de ses minerais et l'usage des objets en fer soient postérieurs à l'emploi du bronze, mais il est très difficile d'établir une distinction entre ces deux étapes successives du progrès de l'industrie humaine. En tout cas, l'âge du bronze et du fer succède

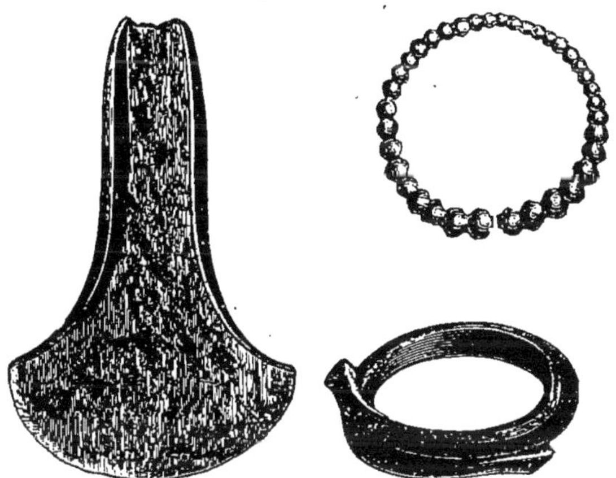

Fig. 149 à 151. — Hache et bracelets en brouze (âge du bronze)
(1/2 grandeur naturelle).

presque partout à l'âge de la pierre polie. La transition est marquée par les objets en bronze qu'on a trouvés avec des silex polis dans certaines cités lacustres et dans des dolmens.

Les objets en bronze sont beaucoup plus variés de formes que ceux en pierre taillée, en os, en bois de renne ou en pierre polie. Ce sont des ustensiles propres à divers usages agricoles, des armes, des objets d'ornements, etc. (fig. 149 à 151).

Les premiers documents historiques de tous les peuples remontent généralement jusqu'à une époque où l'usage du fer était déjà très répandu. On passe insensiblement de l'Homme préhistorique à l'Homme de l'histoire, car les âges de la pierre polie et du bronze établissent tous les intermédiaires entre l'époque quaternaire et l'époque actuelle.

38. Les races de l'homme quaternaire. — On peut distinguer plusieurs races très différentes chez l'homme quaternaire.

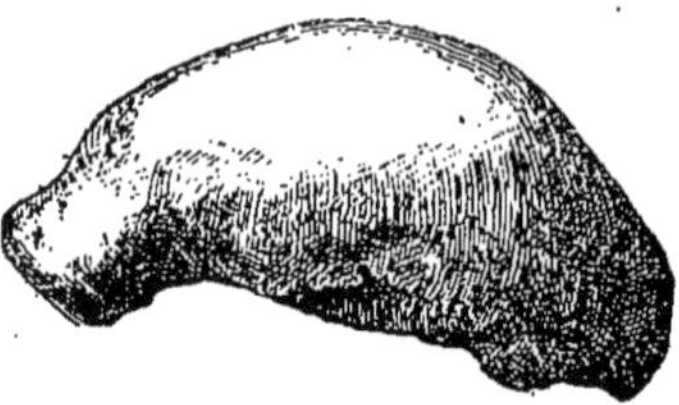

La plus ancienne est la *race de Cannstadt*, ainsi nommée parce que c'est à Cannstadt près de Stuttgard qu'on a découvert, en 1700, les débris de squelette humain les plus anciens du terrain quaternaire ; ces débris n'ont été étudiés scientifiquement qu'en 1870. C'est

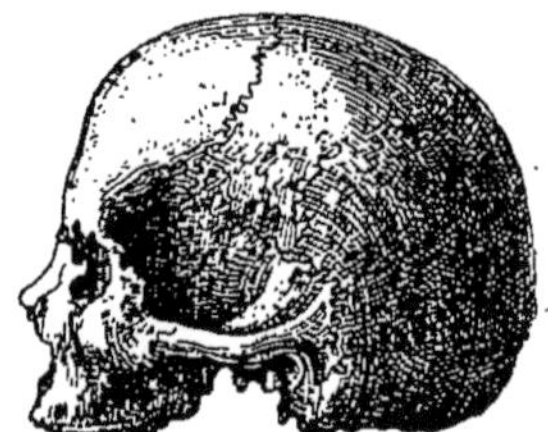

Fig. — 152 et 153. — Portion d'un crâne d'Homme quaternaire, dit crâne de Neanderthal (race de Cannstadt), vu de profil et de face (1/4 de grandeur naturelle).

Fig. 154. — Crâne brachycéphale d'un Homme quaternaire (il manque le maxillaire inférieur) 1/5ᵉ de grandeur naturelle).

à ce type que se rapporte le squelette de Neanderthal, près d'Elberfeld, étudié en 1858, ainsi que beaucoup d'autres recueillis dans les cavernes de divers pays. La race de Cannstadt comprenait des hommes qui n'étaient guère plus grands que les Lapons actuels. Le crâne (fig. 152 et 153) était fortement *dolichocéphale* (1), c'est-à-dire très allongé d'avant en

(1) L'*indice céphalique* est le rapport de la plus grande largeur transversale du crâne (multipliée par 100) à sa plus grande longueur antéro-postérieure. Ainsi un crâne qui aurait 3 de largeur sur 4 de longueur antéro-postérieure

arrière ; en même temps, il était aplati de bas en haut, avec le front fuyant et les orbites très développées, presque circulaires. La tête était grande par rapport à la taille, les bras courts, les mains épaisses, les jambes un peu pliées en avant et les pieds très grands.

Une race plus récente est la *race de Cro-Magnon* qui doit son nom à la localité de la Dordogne où l'on a trouvé pour la première fois un crâne bien conservé différent de ceux dont nous venons de parler. Cette race a encore le crâne dolichocéphale, mais les orbites sont plus larges que hautes, le front est plus bombé, le nez plus saillant, les bras sont plus allongés, les mains plus fines, les pieds moins lourds, Certains crânes rapportés à cette race indiquent une beauté de formes remarquable. La race de Cro-Magnon était contemporaine du Mammouth, du Rhinocéros à narines cloisonnées ; elle existait encore à l'âge où le Renne était très répandu en Europe.

A cette race, mais reliées par beaucoup d'intermédiaires, succèdent des races dont le crâne est moins allongé d'avant en arrière, plus bombé et à orbites dont le plus grand diamètre est transversal. On arrive ainsi par une suite de transitions aux races *brachycéphales* (1) du quaternaire supérieur (fig. 154).

39. L'Homme et le Singe. — En laissant de côté toute question psychologique et en se bornant à la comparaison matérielle des formes, on a été frappé depuis longtemps des ressemblances qui existent entre l'Homme et les Simiens ; d'où s'est posée, par l'étude de ces ressemblances, la question de l'origine de l'Homme.

La plupart des savants de l'Ecole transformiste, qui suppose que tous les animaux dérivent les uns des autres par filiations successives, n'admettent pas que l'Homme dérive des Singes. S'il est vrai que certains caractères de la race de Cannstadt la rapprochent des Singes anthropomorphes, les différences sont encore trop grandes pour permettre de concevoir l'idée d'une descendance qui aurait les Simiens comme point de départ. Une étude approfondie des débris humains de la grotte de Spy, près Namur, qui se rapportent à la race de Cannstadt a fait dire : « Entre l'Homme de Spy et un Singe anthropoïde actuel, il y a encore un abîme (2). »

Il en est de même pour les squelettes humains trouvés en grand nombre dans la République Argentine, au milieu de terrains attribués au tertiaire.

On a cherché alors l'origine de l'Homme dans des couches de terrains beaucoup plus anciennes, en la faisant remonter à certains Lémuriens

aurait pour indice céphalique $\dfrac{3 \times 100}{4} - 75$. On appelle crâne *dolichocéphale* celui dont l'indice céphalique est inférieur à 75.

(1) On dit que le crâne est *brachycéphale* lorsque son indice céphalique est supérieur à 83. Entre les crânes *dolichocéphales* et *brachycéphales* se trouve une série d'intermédiaires qui ont reçu des dénominations particulières : *sous-dolichocéphales, sous-brachycéphales,* etc.

(2) Fraipont et Lohest.

de la période éocène. Ces Lémuriens sont des animaux analogues à ceux qui habitent actuellement Madagascar et qui diffèrent des Singes par plusieurs caractères importants, notamment par leur griffe développée du deuxième doigt. Mais aucune série de fossiles intermédiaires n'est venue jusqu'à présent appuyer cette supposition et il faut bien avouer que dans l'état actuel de la science, l'origine de l'Homme échappe encore à une démonstration probante.

RÉSUMÉ

L'Homme fossile, dépôts des cavernes à l'époque quaternaire. — Au fond des cavernes creusées dans les rochers, on a trouvé des débris humains et des traces de l'industrie humaine dans des dépôts correspondant à l'époque quaternaire. Des débris humains sont associés à des squelettes d'animaux actuellement disparus : Mammouth, Hyène des cavernes, Ours des cavernes, etc. ·

Des fragments de charbon de bois, des restes d'os calcinés montrent que l'Homme connaissait déjà le feu. On trouve aussi des dessins de Mammouth et d'autres animaux disparus, exécutés sur des pierres, des ardoises, sur de l'ivoire ou des os par les hommes préhistoriques.

Les divers âges de l'industrie humaine. — On a rapporté les débris de l'industrie humaine à trois périodes successives.

Les trois âges de l'industrie humaine.	Age de la pierre taillée.	Haches, flèches, couteaux et scies en *silex taillé*. — Harpons, cuillers, aiguilles, bâtons de commandement en os.
	Age de la pierre polie.	Haches, flèches, couteaux, en *silex poli*. — Cités lacustres (poteries, colliers, bracelets, étoffes, instruments agricoles). — Dolmens, menhirs et autres monuments mégalithiques.
	Age du bronze et du fer.	Haches, flèches, couteaux en *bronze* et en *fer*. — Instruments agricoles, colliers, bracelets, en bronze ou en fer.

Races de l'Homme quaternaire. — On a distingué plusieurs races, par l'étude des squelettes humains de l'époque quaternaire. Citons les deux suivantes.

Homme quaternaire.	Race de Cannstadt.	Crâne allongé, d'avant en arrière (dolichocéphale) à front fuyant, à orbites très développées; bras courts.
	Race de Cro-Magnon.	Crâne moins dolichocéphale; front un peu bombé; orbites plus larges que hautes; bras allongés.

CHAPITRE V

L'ÉVOLUTION DES FORMES PENDANT
LES PÉRIODES GÉOLOGIQUES

40. L'espèce. — Même lorsqu'il ne s'agit que des êtres vivants, dont on peut suivre la filiation réelle, les naturalistes sont loin d'être d'accord sur ce qu'il faut entendre par *espèce*.

Cuvier a dit : « L'espèce est la collection de tous les êtres organisés descendus l'un de l'autre, ou de parents communs, et de tous ceux qui ressemblent autant qu'ils se ressemblent entre eux. »

Mais, à la suite des études paléontologiques, à cause des intermédiaires qu'on a souvent trouvés, établissant d'une manière continue le passage d'une forme déterminée à une autre toute différente, on est arrivé à cette conviction que l'espèce n'a qu'une durée limitée. Les conditions de milieu venant à changer lorsqu'on passe d'une période géologique à une autre, les espèces ne peuvent le plus souvent rester telles quelles, elles s'adaptent à un nouveau milieu ; on suppose qu'elles ont dû se transformer.

M. Gaudry a proposé, en conséquence, de modifier la définition de Cuvier en ne l'appliquant qu'à une période donnée de l'histoire de la Terre. Envisagée à ce point de vue, « l'espèce est l'assemblage des individus qui ne sont pas encore assez différenciés entre eux pour cesser d'avoir des descendants directs ».

Mais, en fait, cette définition, très rationnelle d'ailleurs, reste complètement hypothétique puisqu'on ne sait rien de positif sur la descendance réelle des espèces fossiles. Aussi, en pratique, on se borne à ranger dans une même espèce les formes identiques ou qui offrent entre elles des transitions ménagées ; toutefois cette manière de définir l'espèce laisse beaucoup de part à l'arbitraire, et, en outre, elle est très difficile à mettre en pratique, à cause de l'insuffisance des documents paléontologiques.

Les naturalistes qui décrivent les espèces, en énumérant leurs caractéristiques, se trouvent donc placés entre une définition théorique raisonnable mais inapplicable et une définition pratique qui n'est susceptible d'aucun contrôle précis.

41. Formes intermédiaires entre les espèces. — Prenons un exemple. On a trouvé dans des dépôts d'eau douce correspondant à la période du miocène supérieur deux espèces de Mollusques gastéropodes du genre Paludine. La première (A, fig. 155) a été appelée Paludine de Neumayr (*Paludina Neumayrii*), la seconde (B, fig. 156) Paludine d'Hœrnes (*Paludina Hœrnesi*).

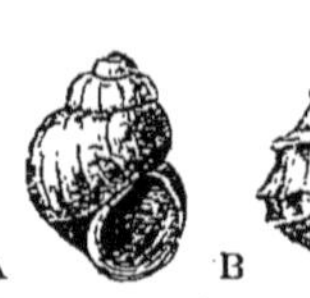

Fig. 155 et 156. — A, Paludine de Neumayr; B, Paludine d'Hœrnes.

On voit que ces deux espèces sont très différentes : l'ouverture de la coquille ronde dans la première a presque la forme d'un quadrilatère dans la seconde; les tours de la coquille lisses et bombés chez la Paludine de Neumayr sont, dans l'autre espèce, anguleux, crénelés et gaufrés; la première Paludine a le sommet de la coquille arrondi, la seconde se termine par un cône aigu.

La Paludine de Neumayr (A, fig. 155) n'a été rencontrée que dans les couches les plus profondes et par suite les plus anciennes de ces dépôts d'eau douce, tandis que c'est seulement dans les sédiments les plus récents qu'on a recueilli la Paludine d'Hœrnes (B, fig. 156). Or, en examinant avec soin toutes les strates intermédiaires entre ces deux extrêmes, on a mis en évidence une série continue de formes (2, 3, 4, 5, fig. 157) extraites des couches d'âges successifs dans

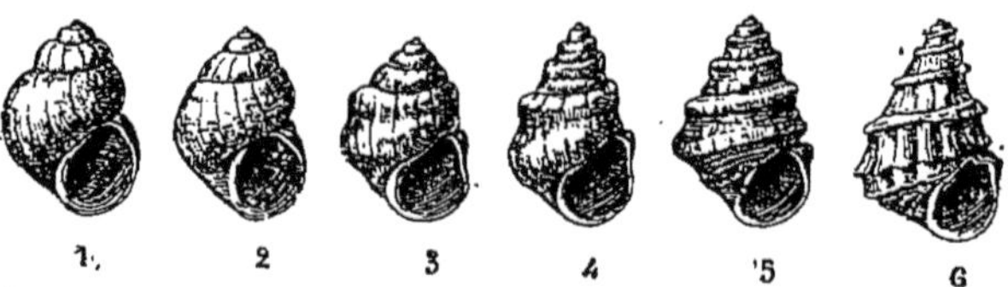

Fig. 157 à 162. — 1, Paludine de Neumayr; 2, 3, 4, 5, formes intermédiaires trouvées dans des couches de plus en plus récentes: 6, Paludine d'Hœrnes.

l'ordre où elles sont ici numérotées. Ces formes établissent tous les passages entre la coquille (1, fig. 157) qui est la Paludine de Neumayr, des couches les plus anciennes, et la coquille (6, fig. 162) qui est la Paludine d'Hœrnes des couches les plus récentes. On devrait donc réunir toutes ces formes sous un nom général qui ne désignerait qu'une seule espèce; mais alors les formes 1 et 6 différeraient plus entre elles, bien qu'appartenant à la même espèce, que deux autres espèces de Paludines entre lesquelles on n'a pas encore trouvé d'intermédiaires. On conçoit l'embarras des naturalistes descripteurs devant de pareils exemples de transition.

D'autres faits aussi nets et très nombreux pourraient être cités à propos des variations de formes de certaines Ammonites et de bien d'autres fossiles.

42. Transitions entre les genres. — La paléontologie fournit aussi, en certains cas, des exemples frappants de transitions entre des genres différents, comprenant chacun un certain nombre d'espèces, transitions qui s'établissent en suivant l'ordre chronologique des terrains.

Nous en avons déjà cité plusieurs exemples dans les leçons précédentes; il suffit de rappeler les passages qui conduisent insensiblement des Goniatites dévoniennes aux Cératites du trias et des Cératites aux Ammonites du jurassique.

Prenons quelques autres exemples dans d'autres groupes que celui des Mollusques.

Nous avons dit que les Poissons de l'époque primaire sont tous *hétérocerques* (A, fig. 163), la colonne vertébrale se prolongeant dans une des moitiés de la nageoire; ces Poissons ont en outre les os qui sont restés à l'état de cartilages. A partir du milieu de l'époque secondaire, on rencontre, en grande majorité, des Poissons *homocerques* (C, fig. 163) et dont la colonne vertébrale ainsi que la charpente de la tête sont complètement ossifiées. Or, entre ces deux types qui comprennent chacun un grand nombre de genres de Poissons, on en a découvert, uniquement pendant la première partie de l'époque secondaire, qui sont intermédiaires; ce sont les Poissons *stégoures* (B, fig. 163); leur colonne vertébrale se prolonge à peine dans l'une des moitiés de la nageoire,

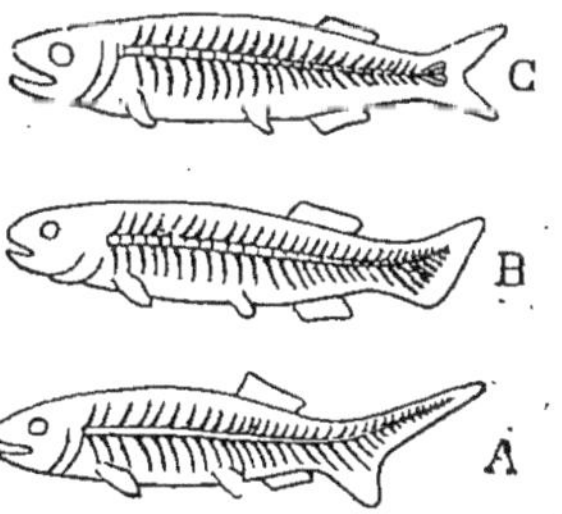

Fig. 163 à 165. — A, Poisson hétérocerque; B, Poisson stégoure; C, Poisson homocerque.

mais elle a un développement inégal ; leurs os ont une structure intermédiaire entre les cartilages et les os proprement dits.

Autres faits de transition. Ces dents molaires de Mastodonte (miocène supérieur) (A, fig. 166) forment des mamelons saillants disposés en rangs distincts les uns des autres tandis que les dents des vrais Éléphants comme celles de l'Éléphant méridional (pliocène supérieur), par exemple, sont comme rasées au sommet et tout à fait aplaties (C, fig. 166). Or, entre ces deux types, et dans un terrain d'âge intermédiaire (pliocène inférieur), on a découvert un Proboscidien que certains auteurs classent dans les Mastodontes, d'autres dans les Éléphants (*Mastodon elephantoides*) ; si nous examinons les molaires de cet animal (B, fig. 166) en les comparant à celles des précédents, nous voyons qu'elles offrent des caractères de transition évidents entre les Mastodontes et les Éléphants ; ces dents ont des rangées de tubercules distinctes comme celles des Mastodontes, mais elles sont un peu rasées au sommet et aplaties comme celles des Éléphants.

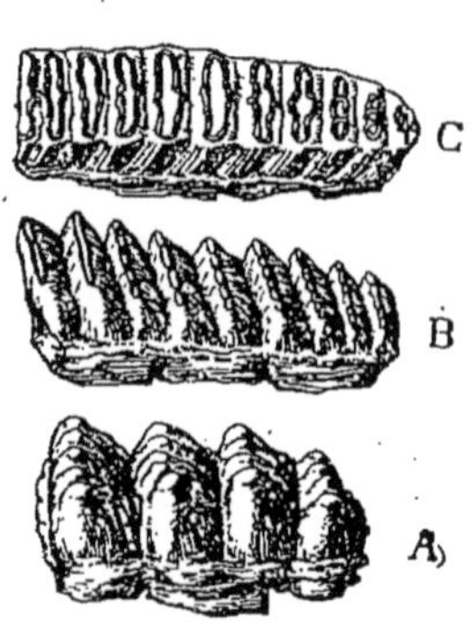

Fig. 166 à 168. — A, dent molaire de Mastodonte du miocène ; B, dent molaire de Mastodonte faux-Éléphant du pliocène inférieur ; C, dent molaire d'Éléphant méridional du pliocène supérieur.

43. Histoire du Cheval.

43. Histoire du Cheval. — Un exemple particulièrement intéressant de filiation paléontologique, offrant des transitions entre les genres de Mammifères, est fourni par l'étude comparée du Cheval actuel et des divers animaux fossiles des époques tertiaire et quaternaire qu'on suppose être ses ancêtres directs.

Considérons d'abord l'Hipparion, que nous avons signalé dans les dépôts pliocènes et dont on a retrouvé des squelettes complets (Voy. plus haut, fig. 113). Le Cheval actuel n'a qu'un doigt développé, mais à droite et à gauche de ce doigt, dans les pieds de devant, on trouve de petits stylets s,s (fig. 170 et 171) qui représentent deux autres doigts non développés. Chez l'Hipparion, à la place de ces deux stylets, on aperçoit deux doigts bien conformés, qui sont toutefois plus petits que le doigt du milieu (fig. 169).

Cette réduction progressive des doigts pour une adaptation à la

course devient très frappante si l'on considère la suite des animaux
voisins du Cheval dans les terrains tertiaires et quaternaires, en
partant des fossiles les plus anciens pour arriver jusqu'au Cheval de
l'époque actuelle.

Chez le Phénacodus (éocène inférieur), il y a cinq doigts ; chez
l'Hyracothérium (éocène moyen), le pouce manque et le quatrième

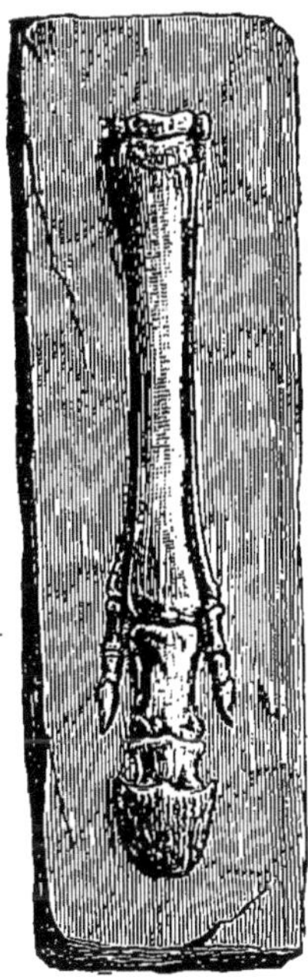

Fig. 169. — Pied fossile d'Hipparion montrant les deux doigts
latéraux.

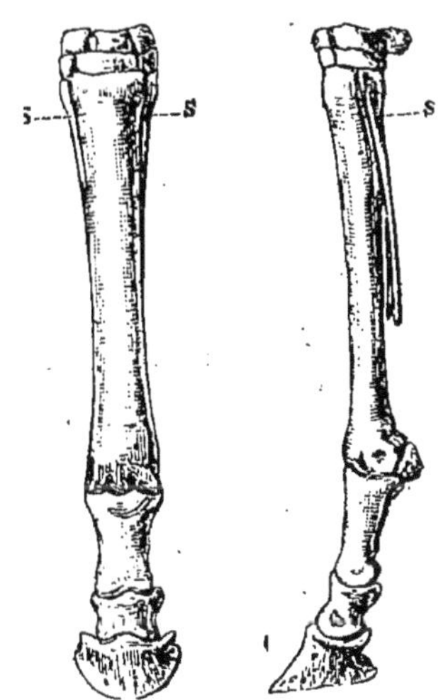

Fig. 170 et 171. — Pied de Cheval actuel, vu de face et de côté, montrant
en s, s, la trace des deux doigts latéraux.

doigt devient prédominant (1, fig. 172) ; chez le Mésohippus (miocène
inférieur) (2, fig. 173), le deuxième doigt devient très petit, le quatrième doigt restant toujours prédominant; l'Anchitérium (3, fig. 174)
du miocène moyen montre une réduction plus grande encore du
deuxième doigt qui n'est plus représenté que par un os très court et
une prédominance encore plus marquée du quatrième; l'Hipparion
du pliocène (4, fig. 175) n'a plus que trois doigts dont deux latéraux

plus petits. Ces deux derniers ne sont plus que des stylets allongés chez le Pliohippus (5, fig. 176) du pliocène supérieur et enfin se

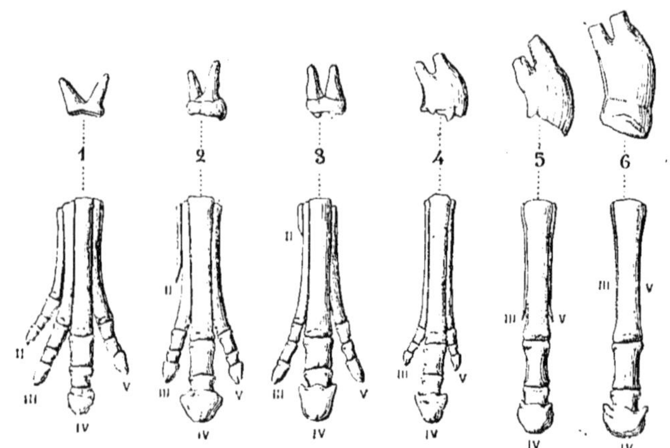

Fig. 172 à 177. — Pied de devant et dent molaire de : 1, Hyracothérium (éocène) ; 2, Mésohippus (miocène inférieur) ; 3, Anchithérium (miocène moyen) ; 4, Hipparion (pliocène) ; 5, Pliohippus (pliocène supérieur) ; 6, Cheval (actuel). — Les chiffres romains ii, iii, iv, v, indiquent les numéros des doigts.

réduisent à deux stylets moins développés encore dans le Cheval quaternaire ou le Cheval actuel (6, fig. 177).

Les figures 172 à 177 indiquent en même temps la transformation progressive des dents molaires, qui est corrélative avec celle des membres. Les dents des animaux les plus anciens sont des dents qui indiquent un régime omnivore ; elles se spécialisent peu à peu jusqu'à devenir des dents adaptées exclusivement au régime herbivore.

Il faut ajouter cependant que tous les paléontologistes ne sont pas d'accord sur bien des détails de cette filiation du Cheval. On a récemment proposé quelques modifications à la manière de l'établir telle qu'elle vient d'être exposée.

Ainsi, d'après un auteur moderne, l'Hipparion ne serait qu'une branche collatérale de cette descendance et le Pliohippus proviendrait d'un autre type intermédiaire (Protohippus) qu'on trouve aussi dans le pliocène. Toutefois, malgré ces divergences de détail, on ne peut nier l'intérêt que présente la succession des formes de ces espèces successives au point de vue de l'adaptation et des transitions qu'on observe entre les genres.

44. Transitions entre les grands groupes. — Nous avons signalé dans les leçons précédentes plusieurs cas d'intermédiaires qui se présentent entre les grands groupes d'animaux.

Il suffit de rappeler qu'on trouve de nombreuses transitions, à la fin de l'époque primaire et au commencement de l'époque secondaire, entre les Poissons ganoïdes et les Batraciens entre les Batraciens et les Reptiles. Les Oiseaux de l'époque secondaire nous ont montré par le développement de leurs dents (Ichthyornis, Hesperornis), par l'incomplète adaptation au vol de leurs membres antérieurs (Archéoptéryx) et par divers autres caractères, des intermédiaires entre les Reptiles et les Oiseaux proprement dits. Certaines couches du trias présentent des fossiles qu'on classe avec doute parmi les Reptiles ou Mammifères masurpiaux; d'autre part, nous avons vu que dans les couches de Laramie, passage de l'époque secondaire à l'époque tertiaire, on trouve une suite de fossiles qui établissent une transition entre les Marsupiaux et les Mammifères supérieurs.

On a suivi aussi avec détail les séries d'intermédiaires qui se présentent entre les grands groupes d'Échinodermes fossiles; mais, en général, il faut bien avouer que pour les Invertébrés, qui se sont différenciés dès le commencement de l'époque primaire (puisqu'on trouve des Insectes et des Scorpions dans les terrains siluriens), de pareilles transitions ne sauraient se constater. Si elles se sont produites, c'est à des époques de l'histoire du globe antérieures à toutes celles que nous connaissons.

45. Inégalité dans la variation. — Tandis que certains groupes d'animaux semblent évoluer d'une manière progressive à mesure qu'on les considère dans des sédiments de plus en plus récents, certains autres paraissent avoir atteint leur différenciation maxima dès l'époque primaire ; d'autres enfin, moins nombreux, sont restés immuables au travers de toutes les périodes géologiques que nous connaissons.

Les Vertébrés peuvent fournir un exemple du premier cas ; leur développement et leur organisation s'établissent peu à peu et se perfectionnent dans toute la série des temps géologiques.

Les Crustacés et les Insectes ont atteint dès l'époque primaire une différenciation très marquée et les progrès de leur structure sont peu accentués dans les périodes suivantes.

Enfin certains Brachiopodes comme les Lingules, certains Céphalopodes comme les Nautiles et même certains Poissons, comme le Cératodus, n'ont subi aucun changement pendant les âges successifs de la Terre.

Cette inégalité dans la variation tient-elle à ce que certaines formes animales ont éprouvé des changements de milieu que les autres n'ont pas subis ? C'est ce que l'on ne saurait prouver actuellement.

46. Hypothèses sur les causes de la variation. — Que ce soit dans des proportions plus ou moins étendues, il est indéniable, par les faits que nous venons de citer et par des expériences rationnelles faites sur les êtres vivants, que la forme et la structure des êtres peut être modifiée. Quelles sont les causes de ces modifications et quelles hypothèses ont été faites sur les circonstances qui auraient pu produire dans les temps géologiques la variation des espèces animales?

L'hypothèse de Cuvier qui admettait des créations successives et supposait que de temps à autre des cataclysmes avaient détruit brusquement tous les êtres vivants à la surface de la terre, ne peut être soutenue, car on s'est maintenant rendu compte de la continuité des formations sédimentaires et on a observé tous les passages entre de nombreuses formes fossiles lorsqu'on s'élève d'un terrain défini à un autre terrain déterminé, de date plus récente.

L'École transformiste admet que tous les êtres vivants proviennent les uns des autres, non pas dans une série linéaire allant du plus simple au plus compliqué, mais par des filiations dérivant à chaque instant de branches latérales, et aussi par un parallélisme des groupes évoluant chacun pour leur propre compte, sans transitions avec les groupes voisins.

Les transformistes s'appuient sur trois ordres principaux de faits pour établir les hypothèses qui permettraient de croire à la parenté réelle de tous les êtres : on les désigne sous le nom d'*adaptation*, de *corrélation*, et de *sélection*.

1° *Adaptation.* — Il est prouvé par expérience que lorsqu'on réussit à faire changer de milieu un même être ou une suite d'êtres descendant les uns des autres, le milieu modifie, quelquefois même profondément, sa forme et sa structure. On a pu ainsi observer les transformations produites chez des Crustacés ou des Mollusques d'eau saumâtre qu'on est arrivé à cultiver dans l'eau douce. Les végétaux, qui se prêtent plus facilement que les animaux à ce genre de recherches, subissent des modifications considérables lorsqu'on les fait passer d'un milieu aquatique à un milieu aérien, de la lumière à l'obscurité, de l'air sec à l'air humide, etc. (1). Ces changements de formes sont encore plus marqués lorsqu'on soumet aux expériences des organismes inférieurs, tels que les Moisissures ou les Bactéries.

On dit qu'un être qui change de forme lorsqu'on le change de milieu *s'adapte* à ce nouveau mode d'existence.

---

(1) Ces expériences ont été surtout exécutées, dans ces dernières années, par divers expérimentateurs de l'École botanique française (G. Bonnier, Costantin, Dassonville, Dufour, Lesage, Lothelier, Matruchot, Molliard, Ray).

L'adaptation peut-elle produire des caractères devenant héréditaires ? C'est ce qui semble démontré par des expériences, encore trop peu nombreuses cependant. Une adaptation lente produit des caractères nouveaux qui se maintiennent lorsque l'être est replacé dans son milieu primitif.

Si on généralise la conclusion de ces expériences, on peut aller jus qu'à admettre que tous les caractères des espèces sont des caractères acquis par adaptation. Ceux qui se modifient rapidement sous nos yeux, par expérience, seraient ceux qui ont été formés par une adaptation rapide ; ceux qui se modifient si insensiblement que le changement échappe aux expériences de courte durée que nous pouvons faire, seraient des caractères acquis très lentement dans la suite des temps géologiques ; ces caractères d'adaptation lente constitueraient ce que nous appelons des caractères héréditaires.

2° *Corrélation*. — Les organes des animaux qui sont les plus modifiés par le changement de milieu sont surtout les dents qui varient suivant le régime de l'animal et les membres dont la disposition se modifie suivant qu'ils servent à la marche, à la natation, au vol, à la préhension. Mais ces modifications des organes, en rapport direct avec le milieu extérieur, en entraînent d'autres corrélatives dans tous le corps de l'animal.

Cuvier a exprimé ce principe de la *corrélation* en disant que « les parties d'un être vivant sont tellement liées entre elles, qu'aucune d'elles ne peut changer sans que les autres changent aussi ».

C'est ainsi que nous venons de voir la forme des pattes se modifier en même temps que celle des dents, en considérant la série des Mammifères antérieurs au Cheval. Autre exemple : nous avons vu les transitions qui se produisent entre les Oiseaux : les dents disparaissent en même temps que les os des membres antérieurs sont mieux adaptés au vol. En outre, des changements corrélatifs s'observent chez ces mêmes animaux dans les os du bassin : l'Archéoptéryx a encore les deux os du bassin distincts : ils sont soudés chez les Oiseaux du crétacé ; plus encore chez les Oiseaux tertiaires.

3° *Sélection*. — La lutte pour l'existence des divers êtres vivants ne laisse subsister surtout que les formes les plus résistantes, capables de supporter un changement de milieu, et les variations favorables, perpétuées par l'hérédité, s'accentuent à chaque génération. Puis, lorsque les différences entre les êtres de même origine ont atteint un certain degré, le croisement devient impossible entre ces formes : elles ont produit des espèces différentes, par cette suite de sélections successives et de la survivance des formes les mieux adaptées.

Tel est le principe de la *sélection naturelle* exprimé par Darwin.

L'illustre naturaliste anglais avait cru pouvoir expliquer toutes les transformations des êtres avec ce seul principe. Il admettait que les variations des descendants d'une même souche se faisaient dans tous les sens, au hasard, et que la sélection naturelle ne laissait en définitive se perpétuer qu'un très petit nombre de formes.

Mais, dans les dernières années de son existence, Darwin reconnut que, si le principe de la sélection peut expliquer le mécanisme des variations, il ne saurait en donner la cause. Spencer a fait remarquer le premier que de très petits changements dans la forme d'un organe ne peuvent être d'aucune utilité pour l'individu et par suite ne peuvent jouer un rôle prépondérant dans la sélection.

Aussi, la plupart des naturalistes actuels cherchent-ils à expliquer les modifications produites en combinant l'adaptation, la corrélation et la sélection. La cause première des variations serait, dans tous les cas, le changement de milieu.

47. Évolution des groupes. — Si l'on considère un groupe d'animaux, on peut l'envisager comme ayant une individualité propre. Comme l'être lui-même, il naît, grandit, passe par un maximum de développement, puis, en vieillissant, dépérit et s'éteint.

Tels sont plusieurs groupes d'animaux que nous avons étudiés : les Trilobites qui ont subi leur évolution totale et dont il ne reste plus trace à l'époque secondaire ; les Ammonées qui, originaires de formes primaires, offrent leur maximum d'évolution à l'époque secondaire puis disparaissent dans le tertiaire ; les Brachiopodes, aujourd'hui en voie d'extinction ; les Reptiles dont le summum de développement est dans le jurassique ; les Oiseaux et les Mammifères qui sont encore dans la phase du progrès.

La principale objection à cette manière de voir réside dans la persistance à travers les âges de certains types d'animaux que nous avons cités. L'École transformiste cherche à expliquer cette immobilité de certaines formes en supposant que des circonstances spéciales, des adaptations particulières à un milieu qui s'est trouvé n'avoir pas sensiblement changé, ont mis ces organismes à l'abri de la sélection ; mais on doit reconnaître que ce n'est là qu'une pure hypothèse.

48. La grandeur comparée des animaux. — Nous avons signalé plusieurs fois un caractère frappant, mais non très important dans l'étude de l'évolution des groupes, celui de la taille des animaux.

Il ne faut pas s'exagérer la grandeur des animaux fossiles, car sauf l'Atlantosaure, Reptile jurassique dont la longueur est problématique, puisqu'on n'a pas trouvé son squelette complet, le plus grand des animaux connus, vivants ou fossiles, est encore la Baleine actuelle. On a signalé des Rorquals ayant 34 mètres de longueur.

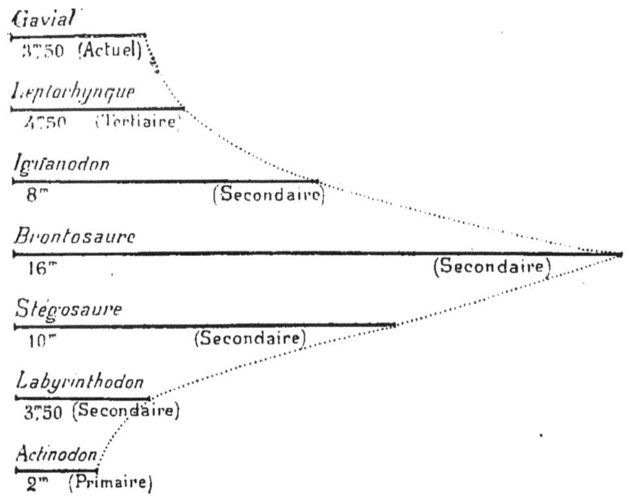

Fig. 178. — Longueurs comparées des Reptiles non marins les plus grands de chaque période (réduites au $\frac{1}{200^e}$).

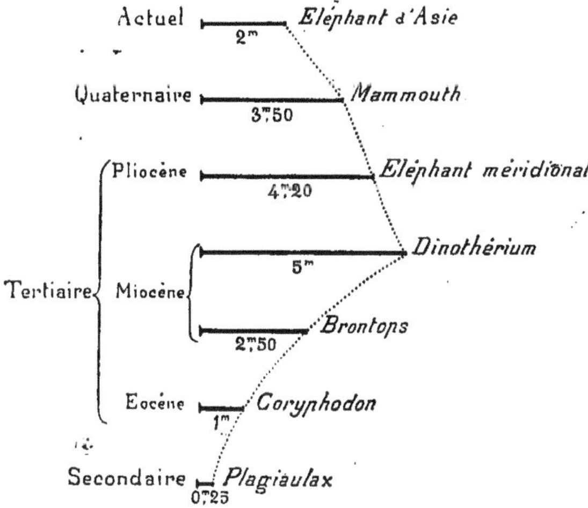

Fig. 179. — Hauteurs comparées des Mammifères les plus grands de chaque période (réduites au $\frac{1}{200^e}$).

Il est cependant intéressant de constater qu'à mesure qu'un groupe d'animaux se développe, la taille des plus grands animaux de ce groupe, à une époque donnée, d'abord petite, croît, passe par un maximum, puis décroît.

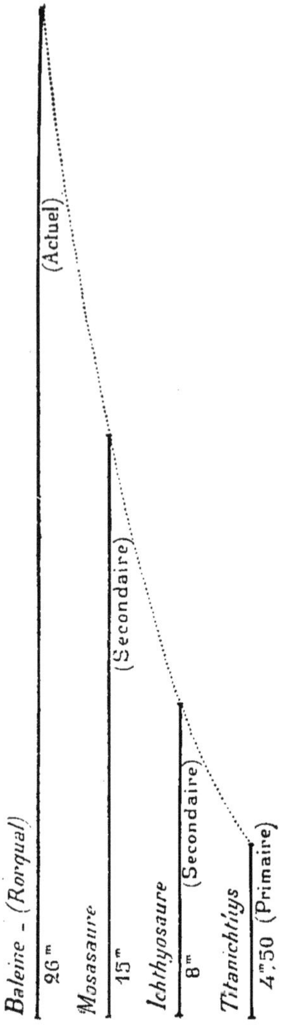

Prenons pour premier exemple les Reptiles non marins, en se bornant aux animaux dont la taille a été réellement mesurée (fig. 178). L'Actinodon est le plus grand des Reptiles ou Batraciens reptiliformes de l'époque primaire. Il n'a que 2 mètres de longueur. Le Labyrinthodon du trias peut atteindre 3^m,50 ; le Stégosaure du jurassique a 10 mètres de longueur ; le Brontosaure, de la même période, dépasse 16 mètres. Puis, dans le crétacé, le plus grand Reptile terrestre connu est l'Iguanodon dont les exemplaires les plus grands n'ont que 8 mètres de longueur ; dans le tertiaire, les Reptiles sont de taille beaucoup moindre ; le plus allongé est une sorte de Gavial, le Leptorhynque, qui pouvait avoir 4^m,50. Enfin, à l'époque actuelle, le Gavial vivant n'a que 3^m,50 de longueur, au maximum.

On peut suivre de la même manière la grandeur relative des plus grands types de Mammifères aux différentes périodes géologiques, en mesurant leurs diverses hauteurs (fig. 179). Les Marsupiaux de l'époque secondaire ne sont guère que de la taille du Rat. On a cité cependant un Pla-

Fig. 180. — Longueurs comparées des animaux marins les plus grands de chaque période (réduites au $\frac{1}{200^e}$).

giaulax qui aurait 0^m,25 de hauteur. Pendant la période éocène, le Coryphodon n'a qu'un mètre de haut et les autres Mammifères qui l'accompagnent dans les dépôts tertiaires sont de plus petite taille. Dans le miocène inférieur, le Brontops a déjà 2^m,50 de hauteur; dans les couches plus récentes se trouve le plus grand Mammifère connu, le Dinothérium, qui atteignait 5 mètres, mesurés dans le sens vertical. Le plus grand animal du pliocène est l'Éléphant méridional qui a 4^m,20 de hauteur; dans le quaternaire, c'est le Mammouth qui a 3^m,50 et actuellement l'Éléphant d'Asie n'a guère que 2 mètres de haut.

Si l'on considère les animaux adaptés à la vie marine, quel que soit le groupe auquel ils appartiennent, on voit la longueur des plus grands connus à chaque période géologique augmenter au contraire continuellement (fig. 180). Le Titanichthys, le plus grand Poisson ganoïde du primaire, a 4^m,50 de longueur; l'Ichthyosaure, le plus considérable du jurassique, a 8 mètres; le Mosasaure du crétacé atteint 15 mètres, la Baleine actuelle 26 mètres et plus.

49. L'évolution des organes. — La différenciation des organismes et l'évolution des organes les plus importants n'est pas en rapport avec ce caractère secondaire de la grandeur absolue. Nous avons déjà dit que, proportionnellement au Crocodile actuel, le cerveau du Brontosaure (jurassique) est cent fois plus petit.

Des moulages fossiles ont permis de reconstituer l'encéphale avec tous les détails de la forme externe chez beaucoup d'animaux fossiles. Les exemples suivants peuvent faire voir quels ont été les progrès de l'intelligence chez les Vertébrés, pendant leur évolution à travers les périodes géologiques.

L'Actinodon, un des Batraciens reptiliformes les plus importants de l'époque primaire, avait un encéphale très réduit et à peine différent de la moelle épinière. Le Stégosaure du jurassique (fig. 181) montre un encéphale à peine plus large aussi que la moelle, mais chez lequel on peut distinguer déjà l'ébauche des lobes olfactifs (*ol*, fig. 181) des hémisphères cérébraux (*hc*), des couches optiques (*opt*) et du cervelet (*c*) qui est lui-même moins large que la moelle épinière (*m*). Le Mosasaure du crétacé a les hémisphères cérébraux relativement plus gros.

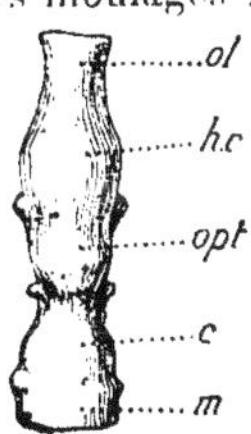

Fig. 181. — Moulage de l'encéphale de Stégosaure (Reptile jurassique): *ol*, lobes olfactifs; *hc*, hémisphères cérébraux; *opt*, lobes optiques; *c*, cervelet; *m*, moelle. (D'après M. Gaudry.)

Si l'on passe aux Mammifères, on trouve chez les animaux de l'éocène inférieur un encéphale rudimentaire, où les lobes sont distincts, mais ne se recouvrent pas les uns les autres

(A, fig. 182). Dans le miocène inférieur, les Mammifères ont déjà pour la plupart un encéphale plus complexe (B, fig. 183) : les hémisphères du cerveau ont quelques replis longitudinaux et recouvrent en partie les couches sous-jacentes.

La complexité de l'encéphale s'accentue chez la plupart des Mammi-

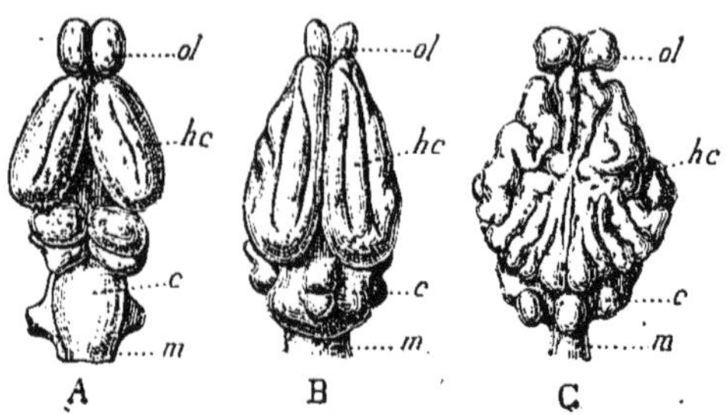

Fig. 182 à 184. — Moulages de l'encéphale de : A, Pleuraspidothérium de l'éocène inférieur ; B, Caïnothérium du miocène inférieur ; C, Gazelle du miocène supérieur. — *ol*, lobes olfactifs; *hc*, hémisphères cérébraux; *c*, cervelet; *m*, moelle. (D'après M. Gaudry.)

fères du miocène supérieur (C, fig. 184) et du pliocène : les hémisphères ont des replis nombreux et recouvrent presque tout le cervelet.

Enfin, si on comparait les cerveaux les mieux conformés des animaux du quaternaire ou des animaux vivants avec celui de l'Homme, on trouverait encore une différence considérable; le renflement du système nerveux constituant l'encéphale de l'Homme est brusquement beaucoup plus différencié et d'une structure infiniment plus complexe que celui de n'importe quel animal vivant ou fossile.

50. La période géologique actuelle. — L'Homme est peut-être le seul être vivant qui se trouve actuellement répandu sur toute la surface de la terre. On a pu dire que l'Homme civilisé avec les débris de son industrie et des monuments nombreux qu'il a élevés dans tous les pays du globe sera le fossile caractéristique de l'époque actuelle.

La continuité de l'évolution des groupes et la persistance des phénomènes de variation que nous avons observés en étudiant l'histoire du règne animal pendant les temps géologiques, nous conduit à admettre que bien d'autres périodes succédront à celle pendant laquelle nous vivons, que les groupes dominants aujourd'hui s'éteindront progressivement et qu'ils seront remplacés encore par le développement de nouvelles formes.

RÉSUMÉ

Espèce ; transition entre les espèces.— L'espèce est la collection de tous les êtres organisés descendus l'un de l'autre et de tous ceux qui leur ressemblent autant qu'ils se ressemblent entre eux. (Définition de Cuvier.) On a trouvé assez souvent des intermédiaires fossiles entre des types décrits comme espèces bien définies [diverses espèces de Paludine (Mollusque), par exemple; diverses espèces d'Ammonites, etc.].

Transitions entre les genres ; histoire du Cheval. — Un genre est une collection d'espèces qui ont entre elles un assez grand nombre de caractères communs. On a trouvé, parmi les fossiles, des intermédiaires entre les genres. C'est ainsi que le Mastodonte faux-Éléphant du pliocène inférieur est intermédiaire entre un Mastodonte du miocène et un Éléphant du pliocène supérieur ou du quaternaire. On peut citer à cet égard l'histoire du Cheval.

Histoire du Cheval.

Hyracothérium (éocène). — Quatre doigts : un plus développé et troi autres presque égaux.

Mésohippus (miocène inférieur). — Quatre doigts : un plus développé, deux presque égaux, et un autre plus petit.

Anchithérium (miocène moyen). — Quatre doigts : un plus développé, deux autres égaux et un autre presque avorté.

Hipparion (pliocène). — Trois doigts : un beaucoup plus développé, deux autres petits et égaux.

Cheval actuel. — Un doigt avec la trace de deux autres doigts représentés par des petits stylets.

Transitions entre les grands groupes. — On trouve ainsi des formes fossiles intermédiaires entre les grands groupes d'animaux. Par exemple, l'Archéoptéryx est intermédiaire entre les Reptiles et les Oiseaux.

Hypothèses sur les causes de variation — Cuvier admettait qu'il y avait eu des créations successives. L'École transformiste suppose que tous les êtres vivants proviennent les uns des autres et s'appuie sur trois ordres principaux de faits considérés comme causes de la variation des espèces.

Causes de variation.

1° Adaptation. — Lorsque le milieu change, l'être change de forme pour s'adapter à ce nouveau milieu.

2° Corrélation. — Les parties d'un être vivant sont tellement liées entre elles qu'aucune ne peut changer de forme sans que les autres changent aussi.

3° Sélection. — La lutte pour l'existence ne laisse subsister que les formes les plus résistantes et les variations favorables, perpétuées par l'hérédité, s'accentuent à chaque génération.

Grandeur comparée des animaux. — Les plus grands Reptiles sont ceux de l'époque secondaire. Les plus grands Mammifères terrestres sont ceux de l'époque tertiaire (miocène). Les plus grands animaux marins sont les Rorquals de l'époque actuelle.

Évolution des organes. — Certains documents fossiles permettent de comparer les développements successifs d'un même organe, de l'encéphale, par exemple.

En étudiant d'une manière générale la série des Reptiles ou des Mammifères, on voit que l'encéphale devient de plus en plus gros et différencié par rapport à la moelle épinière, chez les animaux fossiles appartenant aux terrains de plus en plus récents.

TABLE DES MATIÈRES

9227. — CORBEIL. Imprimerie Éd. CRÉTÉ.

Ouvrage couronné par l'Académie des Sciences
et par la Société d'Agriculture de France.

NOUVELLE FLORE

POUR LA

DÉTERMINATION FACILE DES PLANTES, SANS MOTS TECHNIQUES

AVEC 2,173 FIGURES INÉDITES

Par M. Gaston BONNIER

Membre de l'Institut, professeur à la Sorbonne.

ET

M. G. de LAYENS

Lauréat de l'Académie des Sciences

Un volume de poche de 324 pages : **4** fr. **50**
avec reliure anglaise : **5** francs.

8ᵉ ÉDITION, REVUE ET AUGMENTÉE

Avec de nouveaux Tableaux pour déterminer les arbres
et arbustes par les feuilles.

Les Ouvrages publiés jusqu'à présent pour trouver le nom des plantes présentent de très grandes difficultés à celui qui n'est pas familiarisé avec le langage botanique. D'ailleurs les descriptions des végétaux, si détaillées qu'elles soient, ne remplacent jamais des figures dessinées d'après nature.

Dans cette **Nouvelle Flore** de MM. GASTON BONNIER et G. DE LAYENS, les diverses espèces de plantes sont décrites en style simple et sans mots techniques, et des figures intercalées dans le texte même représentent les caractères distinctifs de tous les végétaux. Les descriptions illustrées des plantes sont disposées en tableaux qui permettent d'apprécier au premier coup d'œil les différences qu'il faut observer pour reconnaître les espèces.

Cette flore contient les plantes les plus répandues dans l'intérieur de la France.

PETITE FLORE, par les mêmes auteurs, abrégé de la Flore précédente, *ouvrage recommandé par le Ministère de l'Instruction publique*, à l'usage des élèves des classes de cinquième, des écoles, etc., *avec 802 figures dans le texte*. Nouvelle édition. Un vol. cartonné... **1** fr. **50**

On trouvera ci-contre une page de la Flore.

SCROFULARINÉES. — Les plantes de cette famille sont très variées dans leur forme. Les espèces des genres Pédiculaire, Rhinanthe, Euphraise, Odontitès, Mélampyre, bien que munies de feuilles vertes, sont parasites sur les racines ou sur les tiges souterraines d'autres plantes et, en particulier, des Graminées ; plusieurs de ces espèces sont, par suite, nuisibles aux cultures.

Corolle à *tube en bosse à la base* M, OR.

1. **Mufler**, p. 114.
   Antirrhinum.

Corolle *prolongée en éperon plus ou moins allongé, à la base* SU, ST.

2. **Linaire**, p. 114.
   Linaria.

Corolle sans bosse ni éperon.

Feuilles opposées ou alternes.

4 étamines portant des anthères.

Feuilles *toutes à la base* I., entières, à long pétiole ; plante aquatique ; fleurs blanchâtres ou roses.

3. **Limoselle**, p. 115.
   Limosella.

4 étamines et une 5e étamine en forme d'écaille (*e*, fig. S) ; fleurs d'un rouge brun ou d'un jaune verdâtre.

4. **Scrofulaire**, p. 115.
   Scrofularia.

Feuilles entières ou dentées.

Feuilles *profondément divisées*, à divisions parallèles I' ; corolle à 2 lèvres ; fleurs roses.

5. **Pédiculaire**, p. 115.
   Pedicularis.

Feuilles *alternes* ; fleurs pendantes D.

6. **Digitale**, p. 115.
   Digitalis.

Feuilles opposées, au moins les inférieures.

Calice *renflé* MA ; corolle *en casque* ; anthères sans pointes et velues.

7. **Rhinanthe**, p. 115.
   Rhinanthus.

Calice non renflé.

Corolle à lèvre supérieure à 2 lobes E ; fleurs blanches striées (fig. O).

8. **Euphraise**, p. 115.
   Euphrasia.

Lèvre supérieure entière ou presque entière V, R.

Corolle à lèvre inférieure à *2 bosses* V ; fruit à 2-4 graines.

10. **Mélampyre**, p. 117.
    Melampyrum.

Corolle à lèvre inférieure *sans bosses* R ; fruit à graines nombreuses.

11. **Odontitès**, p. 118.
    Odontites.

2 étamines et parfois, en outre, 2 filets sans anthères.

Corolle à *tube allongé* ; 2 étamines et 2 filets sans anthères G ; fleurs isolées GU.

12. **Gratiole**, p. 118.
    Gratiola.

Corolle *étalée, à tube très court* ; fleurs bleues ou bleuâtres, rarement blanches.

9. **Véronique**, p. 116.
   Veronica.

(1) Var. *blattarioïdes* Lam., plante à poils simples entremêlés aux poils glanduleux, R. — (2) Var. *montanum* Schrad., feuilles à limbe ne se prolongeant pas jusqu'à la feuille suivante TR. — (3) Var. *thapsiforme* Schrad., feuilles à limbe se prolongeant jusqu'à la feuille suivante, C.

NOUVEAUX PROGRAMMES DE 1902
APPLICABLES EN 1903-1904

Vient de Paraître :

Géologie élémentaire

Classes de Quatrième A et de Cinquième B

PAR

Gaston BONNIER

MEMBRE DE L'INSTITUT, PROFESSEUR A LA SORBONNE
AGRÉGÉ DE L'UNIVERSITÉ

Un volume avec reliure anglaise, illustré de *146 figures, conformes aux nouveaux programmes, pour 1903-1904*.. **2** fr.

« Le programme de Géologie en quatrième A est applicable à partir de la rentrée 1903-1904. Ce programme est consacré presque uniquement à l'étude des phénomènes actuels, dont les applications à la Géographie physique sont importantes.

« M. GASTON BONNIER, après avoir résumé l'étude des roches dans une introduction, a rédigé un **livre nouveau** au courant des dernières découvertes géologiques.

« Le cours de Géologie élémentaire est accompagné de nouvelles gravures exécutées avec grand soin d'après les dessins du peintre bien connu M. A. LUNOIS. »

Conférences de Géologie

Classes de Seconde, A B C et D

Par le Même Auteur

Un volume, reliure anglaise, avec *232 figures* dans le texte et une carte géologique en couleurs, *conforme aux nouveaux programmes de 1902* .... **1** fr. **50**

« Le nouveau Plan d'Études de 1902 a reproduit intégralement pour cet Enseignement le programme spécial de 1898.

« Ce volume renferme la matière de douze Conférences sur les Terrains et sur le développement des animaux et des végétaux à la surface du globe. L'étude des fossiles est singulièrement facilitée par la comparaison des débris ou empreintes d'êtres vivants disparus avec les animaux et les végétaux actuels. »

www.ingramcontent.com/pod-product-compliance
Ingram Content Group UK Ltd.
Pitfield, Milton Keynes, MK11 3LW, UK
UKHW022314070726
13614UKWH00002B/725